O HUMANO
na dinâmica da comunicação

SEPAC
SERVIÇO À PASTORAL DA COMUNICAÇÃO
Coleção Pastoral da Comunicação: Teoria e prática

A. Série Manuais (aplica na prática os conteúdos laboratoriais realizados no Sepac)

1. Rádio – a arte de falar e ouvir (Laboratório)
2. Jornal impresso – da forma ao discurso (Laboratório)
3. Publicidade – a criatividade na teoria e na prática (Laboratório)
4. Teatro em comunidade Rádio – a arte de falar e ouvir (Laboratório)
5. Internet: a porta de entrada para a comunidade do conhecimento (Laboratório)
6. Mídias Digitais – produção de conteúdo para a web (Laboratório)
7. Oratória: técnicas para falar em público
8. Espiritualidade: consciência do corpo na comunicação
9. Vídeo: da emoção à razão (Laboratório)

B. Série Dinamizando a Comunicação – reaviva a Pastoral da Comunicação para formar agentes comunicadores

1. Dia Mundial das Comunicações Sociais – Maria Alba Vega
2. A Comunicação nas celebrações litúrgicas – Helena Corazza
3. Comunicação e família – Ivonete Kurten
4. Pastoral da Comunicação: diálogo entre fé e cultura – Joana T. Puntel e Helena Corazza
5. Homilia: a comunicação da Palavra – Enio José Rigo
6. Geração Net: relacionamento, espiritualidade, vida profissional – Gildásio Mendes
7. Homilia: espaço para comunicar esperança – Edelcio Ottaviani, Leomar Nascimento de Jesus, Helena Corazza
8. Espiritualidade do comunicador – Helena Corazza e Joana T. Puntel

C. Série Comunicação e Cultura – suporte cultural para o aprofundamento de temas comunicacionais

1. Cultura midiática e Igreja: uma nova ambiência – Joana T. Puntel
2. Comunicação eclesial: utopia e realidade – José Marques de Melo
3. INFOtenimento: informação + entretenimento no jornalismo – Fábia Angélica Dejavite
4. Recepção mediática e espaço público: novos olhares – Mauro Wilton de Sousa (org.)
5. Manipulação da linguagem e linguagem da manipulação: estudando o tema a partir do filme A fuga das galinhas – Claudinei Jair Lopes
6. Cibercultura sob o olhar dos Estudos Culturais – Rovilson Robbi Britto
7. Fé e Cultura; desafio de um diálogo em comunicação – Celito Moro
8. Jovens na cena metropolitana: percepções, narrativas e modos de comunicação – Silvia H. S. Borelli, Rose de Melo Rocha, Rida de Cássia Alves de Oliveira (org.)
9. Comunicação: diálogo dos saberes na cultura midiática – Joana T. Puntel
10. Igreja e sociedade. Método de trabalho na comunicação – Joana T. Puntel
11. E o Verbo se fez Rede – Moisés Sbardelotto
12. Os papas da comunicação – Estudo sobre as mensagens do Dia Mundial das Comunicações – Helena Corazza e Joana T. Puntel
13. Comunicar a memória – Jornalismo no coração da Amazônia – Joana T. Puntel
14. O humano na dinâmica da comunicação – Congresso de Comunicação – Joana T. Puntel (Org.)

Equipe do SEPAC
Joana T. Puntel (org.)

O HUMANO
na dinâmica da comunicação

Dados Internacionais de Catalogação na Publicação (CIP)
(Câmara Brasileira do Livro, SP, Brasil)

O humano na dinâmica da comunicação / Equipe do SEPAC; organizado por Joana T. Puntel ; D. Joaquim G. Mol...[et al]. – São Paulo: Paulinas, 2021.
240 p.

ISBN 978-65-5808-069-5

1. Evangelização 2. Vida cristã 3. Comunicação I. SEPAC II. Puntel, Joana T. III. Mol, Joaquim G.

21-2322 CDD 266

Índice para catálogo sistemático:
1. Evangelização 266

Angélica Ilacqua – Bibliotecária – CRB-8/7057

1ª edição – 2021

Direção-geral: *Flávia Reginatto*
Editora responsável: *Marina Mendonça*
Copidesque: *Mônica Elaine G. S. da Costa*
Coordenação de revisão: *Marina Mendonça*
Revisão: *Sandra Sinzato*
Gerente de produção: *Felício Calegaro Neto*
Capa: *Tiago Filu*
Diagramação: *Ana Claudia Muta*

Nenhuma parte desta obra poderá ser reproduzida ou transmitida por qualquer forma e/ou quaisquer meios (eletrônico ou mecânico, incluindo fotocópia e gravação) ou arquivada em qualquer sistema ou banco de dados sem permissão escrita da Editora. Direitos reservados.

Paulinas
Rua Dona Inácia Uchoa, 62
04110-020 – São Paulo – SP (Brasil)
Tel.: (11) 2125-3500
http://www.paulinas.com.br – editora@paulinas.com.br
Telemarketing e SAC: 0800-7010081
© Pia Sociedade Filhas de São Paulo – São Paulo, 2021

SUMÁRIO

Introdução 7
Joana T. Puntel, fsp

I Parte
Congresso de Comunicação

1. A partir do humano, comunicador,
um novo humanismo cristão 13
Dom Joaquim Giovani Mol Guimarães

2. A política como presença: democracia e
regimes de visibilidade..37
Luís Mauro Sá Martino

3. A cultura digital contemporânea é humana 55
Elizabeth Saad

4. A comunicação do Papa Francisco................................. 67
Moisés Sbardelotto

5. Catequese e cultura digital.. 107
Joana T. Puntel, fsp

6. O ser humano educomunicativo: um estilo 125
Helena Corazza, fsp

7. Comunicação e evangelização na pandemia 139
Joana T. Puntel, fsp

II Parte
Seminário de comunicação Setembro de 2019

Apresentação 153
Helena Corazza, fsp

1. O humano na dinâmica da comunicação:
por um humanismo integral 157
Moisés Sbardelotto

2. Novas narrativas: o humano na dinâmica da comunicação .. 187
Joana T. Puntel, fsp

3. O humano na dinâmica da comunicação:
o convite da educomunicação 201
Ismar de Oliveira Soares

III Parte
Rezar a comunicação

Rezar a comunicação 223

INTRODUÇÃO

O presente volume, que oferece uma temática instigante e provocativa na sociedade atual, "O humano na dinâmica da comunicação", com o lema "Um jeito novo e criativo de evangelizar", apresenta o conteúdo desenvolvido no primeiro Congresso de Comunicação Online Paulinas, realizado em 30 de outubro de 2020.

Organizado por Paulinas Cursos EAD e pelo Serviço à Pastoral da Comunicação (Sepac), o Congresso teve em vista educar para a comunicação à luz de reflexões e discussões atuais, bem como promover uma formação humana e cristã: a abertura ao diálogo, à espiritualidade, à interação e à participação nos processos comunicacionais. Com este amplo guarda-chuva de possibilidades e oportunidades, o Congresso, ao longo de um dia, contou com a indispensável presença de agentes de pastoral, música e muita interatividade. Entretanto, o objetivo foi realmente pensar e oferecer reflexões sobre e a partir do ser humano, neste complexo mundo da comunicação.

O livro divide-se em três partes, pontuando o conteúdo do Congresso na fala de seus palestrantes. Traz, também, a contribuição de um Simpósio sobre a temática, realizado presencialmente, em 2019, pelo Sepac. Como última parte, um convite para rezar a comunicação – preces que louvam a Deus dispõem-se a servi-lo como missionários e suplicam pelo complexo mundo da comunicação, na dinâmica que vivemos atualmente.

- Na primeira parte do livro, sempre centrados na temática do humano, D. Joaquim Mol expõe o tema "A partir do humano, comunicador, um novo humanismo cristão", pois, no ambiente digital, hoje, as pessoas encontram novas formas de relação, de interação. Encontram também oportunidades para pensar (revisitar) sua vocação humano-cristã. Essa reviravolta comunicacional afeta o modo como o ser humano vive, pensa, age e se relaciona com Deus, com os outros, com a sociedade. O comunicador, então, é chamado a ser construtor de um novo humanismo, considerando a comunicação, as redes sociais como novos espaços de evangelização, como "portais de verdade e de fé" (Bento XVI, 47º Dia Mundial das Comunicações, 2013).
- O ser humano, comunicador, é um ser político. Consideração necessária que Luís M. Sá Martino apresenta ao desenvolver a temática "A política como presença: democracia e regimes de visibilidade".

É preciso revisitar o seu significado e atualidade nas sociedades de 2020, pois somos cidadãos com direitos e deveres.

- As transformações que levam o ser humano a novas formas de habitar o mundo hoje se caracterizam, sobretudo, pela presença de tecnologias comunicativas. As inovações são rápidas e constantes, e já nos situam no contexto de uma cultura digital. Mas é isto uma revolução? O ser humano dá conta de acompanhá-las? Mas a questão é só saber acompanhar? Como situar o ser humano na dinâmica das inovações tecnológicas? Há lugar, espaço, para o desenvolvimento que leve em conta o "humanismo"? É o tema que Elizabeth Saad aprofunda em "A cultura digital contemporânea é humana".

- Na dinâmica da comunicação, o Papa Francisco é um ser humano que nos devolve o verdadeiro significado do "encontro", do apelo a viver a "vocação de ser humano". Francisco, um homem que não somente diz verdades, como também aconselha, escreve, fala, *vive* e expressa os mais humanos e "divinos" gestos de comunicação. Afinal, o que é o ser humano, uma "obra-prima" do Deus Criador, comunicador? "A comunicação do Papa Francisco" é o tema bordado com maestria por Moisés Sbardelotto.

- O ser humano vive em uma cultura que denominamos "cultura digital". É um contexto que desafia e apela à evangelização da Igreja Católica para entrar no diálogo entre fé e cultura, sempre com mais conhecimento e competência. Assim, o novo *Diretório para a Catequese*, publicado recentemente em junho de 2020, dedica quatorze intensos artigos à "Catequese e cultural digital". O ser humano, vivendo o contexto da cultura contemporânea, precisa ser compreendido e educado na cultura digital, que o leva à nova percepção da fé. O apelo e a educação na catequese, presente no *Diretório*, são analisados por Joana T. Puntel.

- "O ser humano educomunicativo, um estilo", oferecido por Helena Corazza, leva a refletir que, quando se fala de "educomunicativo" se está relacionando um campo de conhecimento e atuação que envolve a comunicação e a educação. Pensadores dos dois campos reconhecem o humanismo que perpassa tanto a comunicação quanto a educação. É nessa compreensão e atuação que a Educomunicação torna-se um modo de ser e de atuar, um estilo de vida.

Na sua proposta de formar, educar para "um jeito novo e criativo de evangelizar", o presente livro oferece ainda os conteúdos desenvolvidos ao redor da temática sobre o ser humano na dinâmica da comunicação, no Simpósio realizado em setembro de 2019. Dentro dessa linha norteadora do pensar e refletir sobre o "ser humano", na comunicação, o Sepac contribui para uma evangelização que se pauta pelo diálogo entre fé e cultura.

Joana T. Puntel, fsp
Sepac

I Parte

CONGRESSO DE COMUNICAÇÃO

1. A PARTIR DO HUMANO, COMUNICADOR, UM NOVO HUMANISMO CRISTÃO

Dom Joaquim Giovani Mol Guimarães[*]

Para começar

O Congresso *Online* de Comunicação, realizado no dia 31 de outubro de 2020, cuidadosamente pensado pelas Irmãs Paulinas, no genuíno cumprimento de sua missão – à luz do seu carisma atual e imprescindível –, reuniu pessoas de valor do campo da comunicação, com a finalidade de suscitar sérias reflexões e estudos sobre a boa comunicação, por entre as relações humanas e sociais, em pleno tempo da assustadora e perversa pandemia do novo coronavírus, altamente disseminadora da enfermidade Covid-19, a qual

---

[*] Bispo auxiliar da Arquidiocese de Belo Horizonte. Reitor da PUC Minas. Presidente da Comissão Episcopal Pastoral para a Comunicação da CNBB.

mata sem piedade a qualquer um, mas principalmente aos pobres, que têm menos condições de se defender.

O *tônus* do Congresso, contudo, não foi um espaço de lamentação, mas de indignação; não foi um tempo de confissão da impotência humana diante do caos pandêmico, mas de coragem em elucidar caminhos novos e ousados, como respostas aos desafios, ou seja, àquilo que incita a fazer algo. O desafio é uma incitação à ação. Aliás, esse é o melhor sentido da palavra "esperança", porque ela, a um só tempo, mistura, saudavelmente, indignação diante de algo e ousadia, destemor, na ação. É a esperança em ato. Isso ajuda a entender o título da conferência que, honrosamente, coube a mim, por delicada solicitação da amiga Ir. Joana Puntel, uma das autoridades no campo da comunicação na Igreja no Brasil. O título, longo como uma estrada a ser percorrida diz *A partir do humano, comunicador, um novo humanismo cristão*. Esse título insere-se, como os dedos nas luvas, na grande temática do Congresso, que se propôs estudar "o humano na dinâmica da comunicação – um jeito novo e criativo de evangelizar".

É a comunicação a serviço da evangelização. Evangelizar é o cerne imutável da missão da Igreja. Evangelizar é, segundo o Papa Francisco, "tornar o Reino de Deus presente no mundo".[1] Não há uma dúvida sequer sobre a abrangência

---

[1] FRANCISCO, Papa. *Evangelii Gaudium*: sobre o anúncio do Evangelho no mundo atual. 1. ed. São Paulo: Paulinas, 2013, n. 179. Esta Exortação Apostólica, pós-sínodo sobre a evangelização, é a primeira do Papa Francisco, datada de 24/11/2013. É um texto raro pela contundência da clareza, pela escolha dos temas, pela capacidade de

do ato de evangelizar, que abarca todas as dimensões da vida humana, em suas sociedades específicas. Uma das formas de tornar o Reino de Deus presente é humanizar o humano, para que cada ser humano seja um reflexo de Deus no mundo. A comunicação, muito além do seu instrumental tecnológico, moderno, sofisticado – que é muito importante e até indispensável hoje –, é processo que envolve os atores a caminho, na história, construindo o presente e o futuro. É assim, em uma espécie de rede, que a humanização por meio da comunicação se encontra com a humanização que resulta da evangelização.

Visitemos cada parte do título para formar um todo de reflexões.

A partir do humano

No primeiro capítulo da *Fratelli Tutti*,[2] em plena contemporaneidade, quando o Papa Francisco trata das

---

reformar a visão sobre vários assuntos. Francisco relembra que a missão da Igreja é evangelizar e que evangelizar é tornar o Reino de Deus presente no mundo. Curto. Perfeito. A comunicação católica pode sempre se repensar a partir dessa definição, e, se assim for, muita coisa mudará em nossa comunicação, para melhor.

[2] FRANCISCO, Papa. *Fratelli Tutti*: sobre a fraternidade e a amizade social. 1. ed. Brasília: Edições CNBB, 2020, n. 22-24. Este texto já faz parte da Doutrina Social da Igreja, juntamente com a Exortação Apostólica "Querida Amazônia", completamente inusitada em seu processo de elaboração, e a Encíclica *Laudato Si'*, sobre o cuidado da casa comum, um marco altamente significativo dos pronunciamentos da Igreja sobre a ecologia, entendida como ecologia integral, que discute sérias questões sobre o mundo socioambiental.

"sombras de um mundo fechado", ele dedica um item aos direitos humanos. Deixo-me pautar, nesta reflexão, pela *Fratelli Tutti*. O Papa aborda a realidade dos Direitos Humanos também em vários outros momentos, seja por escrito ou verbalmente, e sempre os defende arduamente. Aqui ele os lê na ótica das sombras de um mundo fechado. Para falarmos de uma comunicação que venha a contribuir para a gênese de um novo humanismo cristão, precisamos tomar como ponto de partida o humano. Por isso, uso e abuso das ideias de Francisco, por serem interessantes e instigantes para hoje, recordando o apelo feito pela Palavra de Deus, em Hb 3,7: "Hoje, se ouvirdes a sua voz, não endureçais os vossos corações".

Não um "humano" descontextualizado, idealizado, meramente teórico, objeto de pesquisas e belos discursos. Os seres humanos são concretos, são pessoas humanas com direitos e deveres. Se seus direitos forem reconhecidos, os seus deveres serão cumpridos. Duas faces do mesmo ser humano: não é possível cumprir seus deveres sem o reconhecimento de seus direitos. A consideração de seres humanos em abstrato, sem concretude existencial, abre a possibilidade da indiferença e da terrível convivência entre humanos desfigurados, maltratados, desumanizados e humanos que vivem dignamente; pessoas desprezadas e excluídas e pessoas que desprezam e excluem.

Checar o cumprimento da desconhecida e desrespeitada "Declaração Universal dos Direitos Humanos", de 73 anos atrás, assinada por muitos países, inclusive o Brasil, é um parâmetro para a avaliação da condição humana concreta no mundo atual. Os Direitos Humanos são desconhecidos, muitas vezes completamente distorcidos e vilipendiados e até amaldiçoados, por segmentos da sociedade, inclusive governantes que se pautam pelo autoritarismo e pela manutenção das desigualdades de todo tipo. São apenas 30 artigos muito interessantes, que aqui resumo, para que conheçam, recordem-se e renovem seus compromissos com a humanização dos humanos a ponto de fazer deles um ponto de partida para o novo humanismo cristão.

Artigo I[3] – Todos os seres humanos nascem livres e iguais em dignidade e direitos. São dotados de razão e consciência e devem agir em relação aos outros com espírito de Fraternidade.

Artigo II – Todo ser humano tem capacidade para gozar os direitos e liberdades, sem distinção de raça, cor, sexo, idioma, religião, opinião política ou de outra natureza, origem nacional ou social, riqueza, nascimento, ou qualquer outra condição.

Artigo III – Todo ser humano tem direito à vida, à liberdade e à segurança nacional.

Artigo IV – Ninguém será mantido em escravidão ou servidão; a escravidão e o tráfico de escravos serão proibidos em todas as suas formas.

Artigo V – Ninguém será submetido à tortura em tratamento ou castigo cruel, desumano ou degradante.

---

[3] Declaração Universal dos Direitos Humanos. Refletida para uso acadêmico e cultural, sociopolítico e econômico, pastoral e espiritual. Belo Horizonte: Ed. PUC Minas, 2019, 71 p. Cada um dos artigos é comentado, sucintamente, por um professor ou professora especialista.

Artigo VI – Todo ser humano tem o direito de ser, em todos os lugares, reconhecido como pessoa perante a lei.

Artigo VII – Todos são iguais perante a lei e têm direitos, sem qualquer distinção, a igual proteção da lei.

Artigo VIII – Todo ser humano tem direito a receber dos tribunais nacionais competentes remédio efetivo para os atos que violem os direitos fundamentais que lhe sejam reconhecidos pela Constituição ou pela lei.

Artigo IX – Ninguém será arbitrariamente preso, detido ou exilado.

Artigo X – Todo ser humano tem direito, em plena igualdade, a uma justa e pública audiência por parte de um tribunal independente e imparcial, para decidir sobre seus direitos e deveres ou do fundamento de qualquer acusação criminal contra ele.

Artigo XI – Todo ser humano acusado de um ato delituoso tem o direito de ser presumido inocente até que a sua culpabilidade tenha sido provada de acordo com a lei, em julgamento público, no qual lhe tenham sido asseguradas todas as garantias necessárias à sua defesa. Ninguém poderá ser culpado por qualquer ação ou omissão que, no momento não constituíam delito perante o direito nacional ou internacional. Também não será imposta pena mais forte do que aquela que, no momento da prática, era aplicável ao ato delituoso.

Artigo XII – Ninguém será sujeito à interferência em sua vida privada, em sua família, em seu lar ou em sua correspondência, nem a ataque à sua honra e reputação. Todo ser humano tem direito à proteção da lei contra tais interferências ou ataques.

Artigo XIII – Todo ser humano tem direito à liberdade de locomoção e residência dentro das fronteiras de cada Estado. Todo ser humano tem o direito de deixar qualquer país, inclusive o próprio, e a este regressar.

Artigo XIV – Todo ser humano, vítima de perseguição, tem direito de procurar e de gozar asilo em outros países. Esse direito não pode ser invocado em caso de perseguição legitimamente motivada por crimes.

Artigo XV – Todo homem tem direito a uma nacionalidade. Ninguém será arbitrariamente privado de sua nacionalidade, nem do direito de mudar de nacionalidade.

Artigo XVI – Os homens e mulheres de maior idade, sem qualquer restrição, tem o direito de contrair matrimônio e fundar uma família. Gozam de iguais direitos em relação ao casamento, sua duração e sua dissolução. O casamento não será válido senão com o livre e pleno consentimento dos nubentes. A família é o núcleo natural e fundamental da sociedade e tem direito à proteção da sociedade e do Estado.

Artigo XVII – Todo ser humano tem direito à propriedade, só ou em sociedade com outros. Ninguém será arbitrariamente privado de sua propriedade.

Artigo XVIII – Todo ser humano tem direito à liberdade de pensamento, consciência e religião. Esse direito inclui a liberdade de mudar de religião ou crença e a liberdade de manifestar essa religião ou crença, pelo ensino, pela prática, pelo culto e pela observância, em público ou em particular.

Artigo XIX – Todo ser humano tem direito à liberdade de opinião e expressão. Esse direito inclui a liberdade de, sem interferência, ter opiniões e de procurar, receber e transmitir informações e ideias por quaisquer meios e independentemente de fronteiras.

Artigo XX – Todo ser humano tem direito à liberdade de reunião e associação pacífica. Ninguém pode ser obrigado a fazer parte de uma associação.

Artigo XXI – Todo ser humano tem o direito de fazer parte no governo de seu país diretamente ou por intermédio de representantes livremente escolhidos. Todo ser humano tem igual direito de acesso ao serviço público do seu país. A vontade do povo será a base da autoridade do governo, expressa em eleições periódicas e legítimas, por sufrágio universal, por voto secreto.

Artigo XXII – Todo ser humano, como membro da sociedade, tem direito à segurança social e à realização dos direitos econômicos, sociais e culturais, indispensáveis à sua dignidade e ao livre desenvolvimento da sua personalidade, pelo esforço nacional, cooperação internacional e de acordo com a organização e recursos de cada Estado.

Artigo XXIII – Todo ser humano tem direito ao trabalho, à livre escolha do emprego, a condições justas e favoráveis de trabalho e à proteção contra o desemprego. Todo ser humano, sem qualquer distinção, tem direito a igual remuneração por igual trabalho. Todo ser humano que trabalha tem direito a uma remuneração justa e satisfatória, que lhe assegure, assim como à sua família, uma existência compatível com a dignidade humana e a que se acrescentarão, se necessário, outros meios de proteção social. Todo ser humano tem direito a organizar sindicatos e a neles ingressar para a proteção de seus direitos.

Artigo XXIV – Todo ser humano tem direito a repouso e lazer, inclusive à limitação razoável das horas de trabalho e a férias remuneradas.

Artigo XXV – Todo ser humano tem direito a um padrão de vida capaz de assegurar-lhe, e à sua família, saúde e bem--estar, inclusive alimentação, vestuário, habitação, cuidados médicos e os serviços sociais indispensáveis, e o direito à segurança em caso de desemprego, doença, invalidez, viuvez, velhice ou outros casos de perda dos meios de subsistência em circunstâncias fora do seu controle. A maternidade e a infância têm direito a cuidados e assistência especiais. Todas as crianças, nascidas dentro ou fora do casamento, gozarão da mesma proteção social.

Artigo XXVI – Todo ser humano tem direito à instrução. A instrução será gratuita, pelo menos nos graus elementares e fundamentais. A instrução elementar será obrigatória. A instrução técnico-profissional será acessível a todos, bem como a instrução superior, esta baseada no mérito. A instrução será orientada no sentido do pleno desenvolvimento da personalidade humana e do fortalecimento do respeito pelos direitos humanos e pelas liberdades fundamentais. A instrução promoverá a compreensão, a tolerância e a amizade entre todas as nações e grupos raciais ou religiosos, e coadjuvará as atividades das Nações Unidas em prol da manutenção da paz. Os pais têm prioridade de direito na escolha do gênero de instrução que será ministrada a seus filhos.

Artigo XXVII – Todo ser humano tem o direito de participar livremente da vida cultural da comunidade, de fruir das artes e de participar do progresso científico e de seus benefícios. Todo ser humano tem direito à proteção dos interesses morais e materiais decorrentes de qualquer produção científica, literária ou artística da qual seja autor.

Artigo XXVIII – Todo ser humano tem direito a uma ordem social e internacional em que os direitos e liberdades estabelecidos na presente Declaração possam ser plenamente realizados.

Artigo XXIX – Todo ser humano tem deveres para com a comunidade, na qual o livre e pleno desenvolvimento de sua personalidade é possível. No exercício de seus direitos e liberdades, todo ser humano estará sujeito apenas às limitações determinadas pela lei, exclusivamente com o fim de assegurar o devido reconhecimento e respeito dos direitos e liberdades de outrem e de satisfazer as justas exigências da moral, da ordem pública e do bem-estar de uma sociedade democrática.

Artigo XXX – Nenhum dos artigos dessa Declaração pode ser interpretado para reconhecer a qualquer Estado, grupo ou pessoa o direito de exercer qualquer atividade ou praticar qualquer ato destinado à destruição de quaisquer direitos e liberdades aqui estabelecidos.

Poderíamos atualizar este conjunto de direitos humanos, considerando que tudo está interligado, em um sistema socioambiental, de modo a explicitar outros direitos humanos em relação à natureza e direitos da natureza em relação aos seres humanos, mas não é o caso, neste artigo.

O grande problema dos Direitos Humanos é seu descumprimento. O Papa Francisco os classifica como "Direitos Humanos não suficientemente universais"[4]. Há países que primam pela desqualificação dos Direitos Humanos, o que leva, naturalmente, a uma condição humana deplorável. Frequentemente se associam os Direitos Humanos à falta de uma contrapartida de deveres humanos. É uma falácia eivada de perversidade. Ela normalmente é utilizada onde se depreciam os Direitos Humanos, para justificar o seu descumprimento, e, ainda, normalmente essa falácia é um recurso de pessoas, grupos e governos autoritários, desviantes do Estado Democrático de Direito.

Reafirmamos a importância do respeito aos Direitos Humanos com vista ao desenvolvimento integral de um

---

[4] FRANCISCO, Papa. *Fratelli Tutti*: sobre a fraternidade e a amizade social. 1. ed. Brasília: Edições CNBB, 2020, n. 22.

povo, de uma nação. O progresso, cujos benefícios devem alcançar todas as pessoas, implica o cuidado com os Direitos Humanos. Só pode se declarar e ser reconhecido como desenvolvido um país que progride e zela pelos direitos de seu povo. A criatividade e a inventividade humanas resultam da dignidade humana respeitada, preservada e garantida, o que estimula a operosidade em favor do outro e de todos os outros que compõem uma nação.

Não podemos deixar prevalecer visões antropológicas redutivas, que submetem o ser humano à lógica depreciativa e instrumental de um modelo econômico, alicerçado na ganância e no lucro, nunca distribuídos e a todo instante "justificados" pela ideia deletéria de responsabilidade social, simplesmente porque, por exemplo, uma grande empresa mantém uma obra social, para onde ela carreia parcela de seus impostos a serem recolhidos. Muito menos podemos deixar prevalecer a ideia, igualmente deletéria, de uma espécie de capitalismo inclusivo, algo nunca visto na história da humanidade, exatamente por ser ele, intrinsecamente, um sistema excludente, baseado no enriquecimento de uns poucos às custas do empobrecimento de outros muitos. O rompimento com a lógica que faz compreender os Direitos Humanos, seguramente, produz uma parte da humanidade em opulências incalculáveis e outra parte da humanidade em misérias impensáveis.

Tomemos outro exemplo, para que, ao menos em minúscula parcela, paguemos a dívida que a humanidade tem em relação às mulheres, que possuem, indiscutivelmente, a mesma dignidade dos homens e são, covardemente, desrespeitadas. E ainda, mais um exemplo, é a crescente falta de empatia, de mínima consideração, de sensibilidade humana e social para com os pobres. O Brasil e muitos outros países operam a aporofobia,[5] uma palavra que nos parece estranha, seja ortográfica, seja foneticamente, mas tem a proeza de nomear uma realidade nefasta e ignóbil: o ódio aos pobres, o desprezo a eles, o desejo de subtraí-los à convivência humana e à vida. Esse ódio é cada vez mais explícito nas narrativas e nas práticas de pessoas autoritárias, cujas visões são conservadoras em relação a costumes e reacionária em relação aos avanços da humanidade, graças à colaboração humana, da ciência, do conhecimento, da criatividade e da subversão do obscurantismo.

As sociedades contemporâneas, por outra nuance, proclamam palavras em favor dos seres humanos, em uma espécie de atitude politicamente correta, mas que não correspondem ao grito das múltiplas realidades de sofrimento e dor.

---

[5] CORTINA, Adela. Aporofobia, a aversão ao pobre, um desafio para a democracia. São Paulo: Contracorrente, 2020, p. 213. Aporofobia é um neologismo criado pela importante filósofa Adela Cortina, professora catedrática de Ética e Filosofia Moral e Política, da Universidade de Valência, Espanha. A primeira mulher a ingressar como membra plena da Academia Real de Ciências Morais e Políticas da Espanha. O serviço que Adela Cortina prestou à humanidade com este livro é incomensurável, porque ela acendeu uma forte lâmpada sobre o que acontece com os pobres nas sociedades atuais.

Mas quando é que gritam os Direito Humanos? Quando milhões de pessoas estão em regime análogo ao de escravos (há muitas formas antigas e novas de escravidões); quando jovens são manipulados por ferramentas tecnológicas e apreciam a substituição de seus corações de carne por corações de chips; quando traficantes e milícias subjugam comunidades inteiras, ao arrepio da lei e da ordem, com a conivência de governantes, legisladores e juízes; quando se associa, de qualquer forma, o poder político autoritário com religião, especialmente em suas vertentes conservadoras e obscurantistas, igualmente autoritárias e intolerantes; quando a quase totalidade dos encarcerados são negros: pretos e pardos; quando vacinas são ideologizadas e transformadas em disputas políticas espetacularizadas, caracterizando de forma inequívoca a necropolítica;[6] quan-

---

[6] MBEMBE, Achille. *Necropolítica*. São Paulo: Edições N-1, 2018. O próprio Achille Mbembe explica sua obra, indispensável a comunicadores e comunicadoras que buscam o novo humanismo: "Neste ensaio propus que as formas contemporâneas que subjugam a vida ao poder da morte (necropolítica) reconfiguram profundamente as relações entre resistência, sacrifício e terror. Tentei demonstrar que a noção de biopoder é insuficiente para dar conta das formas contemporâneas de submissão da vida ao poder da morte. Além disso, propus a noção de necropolítica e de necropoder para dar conta das várias maneiras pelas quais, em nosso mundo contemporâneo, as armas de fogo são dispostas com o objetivo de provocar a destruição máxima de pessoas e criar "mundos de morte", formas únicas e novas de existência social, nas quais vastas populações são submetidas a condições de vida que lhes conferem o estatuto de "mortos-vivos". Sublinhei igualmente algumas das topografias recalcadas de crueldade (*plantation* e colônia, em particular) e sugeri que o necropoder embaralha as fronteiras entre resistência e suicídio, sacrifício e redenção, mártir e liberdade".

do políticos brasileiros, de péssima qualidade, aprovaram o Projeto de Emenda à Constituição, conhecida como "PEC[7] do fim do mundo", porque congelou investimentos em saúde e educação por vinte anos; quando se descobre que o Brasil é o 9º país em desigualdades sociais, e que a população 1% mais rica detém mais da metade dos bens brasileiros; quando aqui negros ganham 53% abaixo dos rendimentos dos brancos; quando mulheres ganham 70% abaixo do rendimento dos homens,[8] e ainda são violentadas; quando crianças são sequestradas, pessoas e órgãos humanos traficados, idosos descartados, pessoas diferentes e diversas, eliminadas; quando veículos de comunicação e redes sociais tornam-se disseminadores do ódio, com gosto de sangue.

"Psicopatiaram o Brasil."[9] Faço coro a esta contundente expressão para explicar o que tem acontecido neste país.

---

[7] PEC 241.

[8] Esses dados estão em várias fontes facilmente encontradas na internet. Destacam-se as informações da OXFAM Brasil, disponíveis em: www.oxfam.org.br. OXFAM é uma confederação internacional de vinte organizações nacionais que trabalham juntas em um total de noventa países, como parte de um movimento global a favor da mudança, para construir um futuro livre da injustiça, das desigualdades e da pobreza.

[9] KHEL, Maria Rita; DUNKER, Christian. *Entrevista ao Brasil de fato*, São Paulo, 12 abr. 2018, 14h44. Esses dois grandes psicanalistas brasileiros usam a expressão "psicopatiaram o Brasil" enquanto analisam a prevalência da intolerância na arena política. Explicam: "O ódio é um sentimento comum a todos os indivíduos, e também às multidões que se unem em torno de uma ideia. No entanto, em uma sociedade democrática, há mecanismos para dar vazão ao ódio de forma produtiva, criando um suporte institucional ao diálogo sobre pontos

O ódio transformou-se em uma espécie de "valor", em algo que precisa ser alcançado em sentido para a existência de muitas pessoas que, a cada manifestação odiosa, se sentem realizadas, felizes, aliviadas, completas. Uma verdadeira psicopatia, grave, de grandes proporções, que conduz a homicídios dolosos, que geram prazer. Partir do humano para que, por meio do exercício fundamental da comunicação, possamos chegar a um novo Humanismo, certamente, não se constitui apenas de boa vontade, por não ser uma tarefa trivial nem pontual.

Se olharmos o panorama global, podemos citar algumas das razões pelas quais um excelente pensador, Achille Mbembe,[10] em 2016, levantou a hipótese, em seus estudos, de que "a era do humanismo está terminando". Ele se baseou no fato de que "não havia sinais de que o ano de 2017 seria melhor que 2016 [imagina se ele tivesse no horizonte o ano de 2020?]; que sob ocupação israelense por décadas, Gaza

---

de vista em extremos distintos da luta de classes – prática que, infelizmente, vem se perdendo no Brasil nos últimos anos, abrindo uma porta para o retorno do autoritarismo".

[10] MBEMBE, Achille. *A era do humanismo está terminando*. Disponível em: https://www.revistaprosaversoearte.com/achille-mbembe-era-do-humanismo-esta-terminando/. Achille Mbembe é um dos mais importantes pensadores da atualidade. Ele é historiador pós-colonial e cientista político de Camarões francês. Ele faz um sério alerta: "Outro longo e mortal jogo começou. O principal choque da primeira metade do século XXI não será entre religiões ou civilizações. Será entre a democracia liberal e o capitalismo neoliberal, entre o governo das finanças e o governo do povo, entre o humanismo e o niilismo. A crescente bifurcação entre a democracia e o capital é a nova ameaça para a civilização".

continuará a maior prisão a céu aberto do mundo; que nos EUA o assassinato de negros pela polícia branca continuará; que a Europa continuará sua lenta descida ao autoritarismo, populista, liberal; que as desigualdades continuarão a crescer no mundo; que as virtudes tais como o cuidado, a generosidade, a compaixão, continuarão não importando; que o *apartheid* continuará por meio de muros...".

É a partir da reumanização do humano, em caráter de urgência, que aceitamos a tarefa de mobilizar a comunicação, com vistas a um novo humanismo. Temos consciência de que um novo humanismo está sendo semeado e, em uma prospecção mais otimista, ele já está nascendo. A pergunta que fazemos é: em que os comunicadores e as comunicadoras, em um tempo de "término do humanismo", podem contribuir? Como os agentes da comunicação podem produzir o *start* de processos comunicacionais que venham a reumanizar o mundo e os próprios seres humanos. Partir do humano significa evadir do campo do niilismo, do sem sentido.

Comunicador

Mais uma vez recorremos à *Fratelli Tutti*. O Papa Francisco é cristalino ao redigir um trecho da Encíclica intitulado "a ilusão da comunicação". Precisamos ser honestos conosco, que atuamos na comunicação e fazemos dela, mais do que instrumento ou ferramenta, algo estratégico, que carrega em si, em seus próprios processos, a evangelização que desejamos fazer, o anúncio que queremos proclamar, a catequese que aspiramos que seja educadora da fé, a apresentação do Reino de Deus, ensinado por Jesus e sinalizado em nossa história. Devemos melhorar a nossa comunicação. Somos comunicadores de qual comunicação?

Vivemos um novo tempo porque já estamos adiantados na mudança de era. Esta é uma era de comunicação à exaustão, dentre outras características. Mas nela tudo vira espetáculo, porque a comunicação digital, que quer mostrar todas as coisas em seus detalhes, ao mesmo tempo, coloca cada indivíduo sob o foco de todas as luminárias, para o bem ou para o mal, tornando-os objetos de olhares que analisam, julgam, condenam. A um só tempo, contraditoriamente, crescem e se impõem atitudes de fechamento com a sua consequente intolerância e reduzem-se os distanciamentos, arrombam-se as portas da intimidade, anulam-se as regras de privacidade.

Mais preocupante são os movimentos digitais geradores ou colaboradores na disseminação do ódio e da destruição. As mentiras, meticulosamente preparadas para produzir o mal da enganação, difamação, manipulação – essas são as chamadas *fake news* –, não são formas de ajuda, como querem parecer, mas uma comunicação que leva à morte da verdade e, com ela, a morte da esperança e do amor, da paz e do entendimento, da amizade e da solidariedade humana.

Na Exortação Apostólica *Christus Vivit*,[11] fruto do sínodo das juventudes, Francisco afirma que a comunicação

---

[11] FRANCISCO, Papa. *Christus Vivit*: exortação pós-sinodal. 1. ed. Brasília: Edições CNBB, 2019, n. 88. Esta Exortação tem grande significado para as juventudes, primeiro autores e atores das comunicações

digital, algo tão potente e importante, pode criar dependência e isolamento, raízes profundas da esquizofrenia, ou seja, da perda de contato com a realidade concreta, como ela é. Um fruto amargo dessa desconexão da realidade, pelo excesso de conexão digital, são as reais dificuldades de relações interpessoais autênticas, conduzindo as pessoas à falta de gestos físicos, a uma nulidade do valor das expressões do rosto e do silêncio, à abstração de algo concreto na comunicação, que é o corpo humano e o que ele carrega: tremores, dores, alegrias, rubores, cheiros, transpirações e palpitações.

Tudo isso faz parte do ser comunicador que somos. Tudo isso está integrado na trama do corpo, da alma e do espírito humanos. É por isso que o humano faz história. A comunicação digital é extraordinariamente bela, potente, mas ela, tão audaciosa, não é suficiente para tecer encontros, construir pontes, aproximar vidas e histórias. A comunicação digital não é capaz, por si, de fazer dos homens e mulheres uma comunidade humana, da humanidade uma família. Assim, somos desafiados a usar a sabedoria. Sabedoria é a síntese do saber produzido nas academias e do saber que brota das experiências humanas e das experiências de Deus, por isso ela é necessária na pessoa do comunicador.

O comunicador que leva em conta a sabedoria, que não permite que ele seja submergido no mar de informações,

---

mais sofisticadas. O Papa Francisco escolheu o dia 25/03/2019 para assinar este documento, data em que se celebra a solenidade da Anunciação do Senhor, um ato de excelência comunicacional.

certas e erradas, e, sobretudo, o faz arauto da ética, é capaz de cultivar um dos elementos mais singulares do processo comunicacional, a escuta do outro, do interlocutor e do Outro, o interlocutor por excelência, Deus. Nada mais nobre do que colocar-se na condição de ouvinte para fazer fluir a comunicação da verdade e da paz. Ouvir o acidentado no caminho da vida, os pobres, as vítimas, os irmãos e irmãs, ouvir os enfermos e a enferma natureza, o meio ambiente ferido. Todo bom ouvinte desenvolve de maneira acentuada a habilidade de silenciar. Fazer silêncio significa recolher-se para que o outro seja, ocupe o espaço. Na mentalidade mineira, de grande valor simbólico, silenciar é arredar para caber o outro, e, quanto mais se arreda, mais se pode acolher outros. A comunicação acaba por definir no comunicador uma espécie de estilo de vida, de vida comunicacional.

A comunicação, como é fácil concluir, não pode ser reduzida a um acúmulo de informações, sem critérios de seleção e qualificação, espaço onde os supostos diálogos se dão com o objetivo de promover novidades, "viralizar" as últimas notícias e se elas não existirem, não será difícil inventar algumas. A comunicação, por definição, faz do comunicador ou doador de atenção, atenção prolongada se necessário for, penetrante, sempre. O comunicador fala francamente ao coração do outro para chegar aos corações dos outros, da comunidade, da sociedade. Observe que vamos passando para o campo dos sentidos, porque a verdadeira comunicação favorece a identificação do essencial para significar a existência e a interpretação dos acontecimentos.

Podemos dizer que assim, a partir do humano, comunicador, pode-se aventurar a colaboração na delicada confecção de um novo humanismo cristão. É o que passo a tratar, finalmente.

Um novo humanismo cristão

A missão de vislumbrar e tornar realidade um novo humanismo cristão, compreende-se acertadamente, não é tarefa de um grupo de pessoas, de um conjunto de seres humanos iluminados e ilustrados, mas pode resultar de um longo e, em alguns momentos, árduo caminhar, de boa parcela da humanidade. É preciso escolher um novo humanismo. Optar por ele. Com ele sonhar. Desejá-lo. Aplicar ao seu projeto o melhor de cada pessoa, em sua multifacetada cultura e múltiplos valores que se articulam em redes. É preciso, desde o início, identificar os valores cristãos a serem impressos no processo de "realmar" a humanidade. Ninguém mais do que Jesus Cristo entendeu e viveu densa, plena e perfeitamente a condição humana. Ele é uma fonte inspiradora. Certamente a comunicação poderá desenvolver (deve desenvolver) com outros atores o papel de "azeitamento" das relações humanistas a serem tecidas, a partir mesmo do aprendizado com toda a história já vivida, com seus acertos e erros.

O mutirão de reumanização da humanidade, com o intuito de construir aos poucos um novo humanismo, é envolvente e requer entrega para ajudar a salvar o humano que existe em cada pessoa. Ainda baseado em intuições e ensinamentos do Papa Francisco, é preciso tomar consciência de que no ambiente digital as pessoas encontram novas formas de relação, de interação e benquerença. No ambiente digital, lugar onde muitas redes se formam, encontramos oportunidades de pensar, refletir e, mais uma vez, reconhecer nossa vocação humano-cristã, decisiva para um novo humanismo possível. O mundo sofreu uma reviravolta comunicacional com o digital. Ninguém fica ileso. As pessoas, afetadas pelo digital, vão buscando novas formas de viver, conviver, pensar, agir e também de se relacionar com Deus, com os outros e com o conjunto da sociedade. Repito, o digital não consegue fazer-nos unidos, mas nós podemos nos unir com o aproveitamento do digital.

O comunicador, a comunicadora são chamados a ser construtores de humanismos, considerando a comunicação, as redes sociais como novos espaços de evangelização, como "portais de verdade e de fé",[12] de defesa dos direitos humanos, da socioecologia, portais do Evangelho do Reino.

Contudo, a comunicação precisa ser assumida como elemento catalisador não do moderno humanismo antropocêntrico, que, pela razão instrumental, fez do ser humano um predador de si mesmo, dos outros e do planeta, mas de um humanismo "agapicocêntrico", que coloca no centro o amor operoso, oblativo, construtivo, no qual as prioridades

---

[12] BENTO XVI. Mensagem para o 47º Dia Mundial das Comunicações, 2013. O último ano de Bento XVI e o primeiro ano de Francisco. Uma ponte de comunicação.

ficam claras e são destacados princípios basilares da convivência humana e do funcionamento da sociedade, o que inclui a economia, os poderes, a política, os serviços públicos. Em um novo humanismo é preciso assumir como princípio, como ensina fartamente a Doutrina Social da Igreja, a primazia do trabalho sobre o capital, a primazia da pessoa sobre o mercado e também a primazia do bem comum sobre o bem individual, a primazia da solidariedade sobre a competição e, ainda, a primazia da ecologia integral, porque tudo está interligado sobre a fragmentação, supondo que nada está interligado.

Em uma sociedade doente como a nossa, o Papa Francisco, na *Fratelli Tutti*, sobre a fraternidade e a amizade social, afirma que, "entre a indiferença egoísta e o protesto violento, há uma opção sempre possível, o diálogo. O diálogo entre as gerações e o diálogo do povo. Um país cresce quando dialogam suas diversas riquezas culturais: a cultura popular, a cultura universitária, a cultura juvenil, a cultura artística, a cultura tecnológica, a cultura econômica, a cultura familiar e a cultura dos meios de comunicação".[13] O diálogo, que inclui a comunicação, está na base da amizade social, que, por sua vez, caracteriza o imperativo da solidariedade em um novo humanismo cristão.

"Não podemos aceitar um mundo digital projetado para explorar as nossas fraquezas e trazer à tona o pior das

---

[13] FRANCISCO, Papa. *Fratelli Tutti*: sobre a fraternidade e a amizade social. 1. ed. Brasília: Edições CNBB, 2020, n. 199.

pessoas."[14] O Papa Francisco usa esta citação dos bispos australianos para levar-nos à conclusão de que a comunicação que visa ao novo humanismo é aquela que "pode ajudar a sentir-nos mais próximos uns dos outros. Podem ajudar-nos as redes de comunicação humana, que atingiram progressos sem precedentes. Particularmente a internet pode oferecer maiores possibilidades de encontro e de solidariedade entre todos; entretanto, é preciso verificar continuamente que as formas de comunicação atuais nos orientem, efetivamente, para o encontro generoso, a busca sincera da verdade íntegra, o serviço, a proximidade com os últimos e o compromisso de construir o bem comum".[15]

Clamemos pelo novo humanismo.

Trabalhemos pelo novo humanismo.

Relancemos o humanismo da vida.

Sejamos a comunicação viva do novo humanismo.

---

[14] Ibid, n. 205. Esta é uma citação que a *Fratelli Tutti* faz da Conferência Episcopal da Austrália. O Papa Francisco abre portas de diálogos e pela comunicação sinérgica, própria de um novo humanismo, inclui vários interlocutores. Impressiona o fato de um Papa citar tantas Conferências Episcopais espalhadas pelo mundo. É a primeira vez que isso acontece. Conferência Episcopal do EUA, n. 124; Conferência Episcopal da França, n. 176; Conferência Episcopal Portuguesa, n. 178; Conferência Episcopal da Austrália, 205; Conferência Episcopal do Congo, n. 226; Conferência Episcopal da África do Sul, n. 229; Conferência Episcopal da Coreia, n. 229; Conferência Episcopal da Colômbia, n. 232; Conferência Episcopal da Croácia, n. 253; e Conferência Episcopal da Índia, n. 271. A *Fratelli Tutti*, ao abordar a fraternidade e a amizade social, condições para um novo humanismo, já se pôs radicalmente em diálogo.

[15] FRANCISCO, Papa. *Fratelli Tutti*: sobre a fraternidade e a amizade social. 1. ed. Brasília: Edições CNBB, 2020, n. 205.

2. A POLÍTICA COMO PRESENÇA: DEMOCRACIA E REGIMES DE VISIBILIDADE

Luís Mauro Sá Martino[*]

Em uma época de intensa polarização política, na qual uma palavra dita em alguns ambientes pode provocar intensos debates a respeito de "direita" e "esquerda", pensar no ser humano como um ser político, tema deste evento, parece ser mais urgente do que nunca. Não necessariamente para assumir a defesa de uma posição ou outra, e menos ainda para desconsiderar outras concepções, mas, em outro sentido, para recuperar o sentido do político.

À primeira vista, não é necessário ter uma posição definida para ser político – nem atacar as pessoas com ideias diferentes. Vivemos juntos, e isso é o suficiente para nos tornarmos seres políticos – isto é, que habitam a mesma cidade

---

[*] Doutor em Ciências Sociais pela PUC-SP. Professor do Mestrado em Comunicação da Faculdade Cásper Líbero – São Paulo (SP).

(do grego *pólis*) com os outros. Viver com os outros significa também um exercício contínuo para lidar com a diferença diante dos desafios comuns. Cada uma e cada um de nós é absolutamente singular, mas temos questões e problemas com os quais precisamos lidar enquanto grupo – desde a família até a nação. Nossa existência em uma vida comum nos torna políticos.

Isso leva a um segundo ponto: a política se exerce, portanto, na forma de uma *presença*. É na presença do outro que me torno político, assim como ela ou ele se tornam políticos em relação a mim no momento em que sua existência se torna presente, desafiando-me, deslocando-me do que poderia ser – para alguns – uma posição central confortável. De certa maneira, o limite da política é estabelecido no momento em que se recusa a presença do outro, quando então o poder é exercido não mais em termos de uma administração para o comum, mas na desfiguração do outro como ser humano.

No mundo contemporâneo, permeado pelo ambiente das mídias digitais, essa presença se traduz, sobretudo, em diferentes regimes de visibilidade, definindo sob quais condições – e de que maneiras – uma pessoa ou grupo podem se tornar presentes e, portanto, políticos. A política, na atualidade, também se define pela identidade da imagem.

Este breve texto retoma e desenvolve alguns pontos debatidos durante o evento "O ser humano, um ser político", realizado pelo Serviço à Pastoral da Comunicação de São Paulo em 2020, assim como reflexões desenvolvidas em

Martino e Marques (2020). No que se segue, são delineados: (1) a concepção da política como participação e imagem; (2) os regimes de visibilidade e a identidade; e (3) a comunicação de si pela via da imagem como ação política.

A democracia como regime de visibilidade pública

Vivemos uns com os outros, e isso é um dos fatores que nos tornam políticos. Mas de que política estamos falando? Em geral, quando usamos essa palavra, "política", muitas vezes nos referimos ao conjunto formado por governo, Estado, eleições e partidos políticos. Este sentido estrito da palavra "política", no entanto, não é o único. Quando Aristóteles define o ser humano como um "animal político", *zoon politikon*, ele não está mencionando apenas esse aspecto estrito do termo, mas se refere a algo mais amplo: a participação na vida pública.

Ao que tudo indica, os gregos antigos foram os primeiros a propor uma distinção que se tornaria clássica no pensamento ocidental, a diferença entre "público" e "privado". A questão não era só conceitual: para os gregos, tratava-se de uma divisão real entre o que acontecia dentro de casa, no *oikos*, e o que estava fora, o *koinos* – palavra que poderia ser traduzida como "comum". A diferença principal, no entanto, não era apenas em termos de espaço, mas, sobretudo, na divisão do poder.

Da porta para dentro, no espaço do *oikos*, o domínio era exercido diretamente pelo homem: pai e marido, tinha poder sobre a esposa, os filhos, empregados e escravizados. Ele cuidava da administração da casa, definindo as normas (*nomos*) de convivência – a *nomos* do *oikos*, a *oikos nomos* – de onde nossa palavra "economia". Essa estrutura de poder verticalizada e patriarcal tinha seu lugar principal dentro de casa.

No espaço público, no entanto, a situação era outra.

Se dentro de casa o líder do *oikos* tinha plena voz, na vida pública ele era apenas mais um, e possuía exatamente os mesmos direitos e deveres de todos os outros (todos os outros homens, vale lembrar: mulheres, crianças, estrangeiros, servos e escravizados foram deixados de lado dessa primeira experiência política). No espaço público, sua atividade era definir os caminhos da vida da cidade, a *pólis* – sua condição era a de "habitante da *pólis*", o *politikós*. A atenção aos negócios públicos, o cuidado com o espaço comum, a tomada de decisões sobre as questões de interesse de todos eram o ponto central da atividade do participante da *pólis*, e era levado a cabo com toda a seriedade. Participar da vida pública era, ao mesmo tempo, um dever e um privilégio reservado àqueles que preenchiam esses requisitos.

Os romanos, durante a república, trouxeram essa perspectiva de administração para seus próprios termos, separando também o espaço da casa (o *domus*, de onde vem nossa palavra "doméstico") do mundo externo, o *publicus*. O *publicus* era o espaço da *communitas*, a vida em comum, que precisava ser definida por alguma medida (*regula*) que tornasse possível a vida com todos os outros. Viver na cidade (*civitas*) significava respeitar a condição do outro (*civilitas*) e reconhecer, ainda que parcialmente, o direito de todos os outros sob o julgo da mesma regra.

A vida na cidade, com os outros, requer um mínimo de respeito – nossa linguagem mantém isso na palavra "civilidade", necessária para a convivência e como fundamento da civilização; o parentesco entre as palavras não é coincidência. O reconhecimento do direito do *populus* estava ligado, assim, ao reconhecimento da lei da cidade que lhe garantiria a cidadania: o título de "cidadão romano" era um dos indícios dessa condição relacionada ao vínculo com a cidade. A mesma ressalva a respeito da universalidade vale aqui também: a condição da cidadania era restrita, e talvez mais ainda do que na Grécia – que se mantém ainda como caso principal.

Apesar de restrita a uma pequena parcela da população, essa primeira experiência de "igualdade" (entre aspas) mostrou alguns pontos que se mostraram fundamentais para o desenvolvimento das concepções políticas ocidentais nos séculos seguintes.

A primeira delas era uma distribuição da tomada de decisões. Enquanto a maior parte dos povos tinha reis ou imperadores com poderes semidivinos, os gregos trouxeram a administração da vida pública para alguns dos principais interessados – o povo. Eles notaram que a alternância entre governantes e governados poderia trazer melhores resultados do que o exercício do poder por uma única pessoa. Afinal, ao menos em teoria, isso evitaria que alguns se beneficiassem continuamente das vantagens de uma posição, limitando o tempo no qual um cargo seria ocupado e abrindo espaço para a participação de outras pessoas.

(Vale aqui uma ressalva: *demos*, palavra grega que geralmente usamos como equivalente de "povo", não é uma tradução direta para o conceito que temos hoje em dia, como a maior parte ou a totalidade de pessoas de um grupo. Ao que tudo indica, para um grego antigo, *demos* estaria muito mais ligado ao fato de se pertencer a uma determinada condição na cidade do que propriamente uma divisão universal do poder. Mesmo para o mais democrata dos gregos antigos, a ideia contemporânea de que todas as pessoas podem votar e ser eleitas soaria como um absurdo.)

A segunda concepção trazia a ideia de que a escolha de quem ocuparia um cargo seria feita a partir do voto: todos os participantes do *demos* podiam votar e ser votados, e a decisão seria soberana – ninguém seria designado para uma tarefa se não fosse pelo voto dos outros, tendo na igualdade entre os eleitores uma de suas características. Todos os votos teriam o mesmo valor.

Finalmente, a terceira concepção gerou um curioso efeito colateral: o nascimento do que poderíamos chamar, hoje em dia, de comunicação política. Os interessados em um cargo deveriam convencer seus colegas de suas capacidades para legislar ou exercer uma tarefa. Para isso, deviam, publicamente, apresentar suas ideias e persuadir o auditório de suas qualidades. O problema é que nem todo mundo nasceu com a mesma aptidão para falar diante dos outros, e menos ainda para convencer as pessoas de seu modo de pensar. A solução apareceu na forma de professores da arte de falar e argumentar para convencer, a *retórica*. Todos podiam votar e ser votados, mas apenas alguns sabiam construir uma argumentação boa o suficiente para serem eleitos.

A participação na vida política da cidade passava a depender da habilidade de cada pessoa para construir a melhor imagem possível de si mesmo diante dos outros. A democracia, no momento de sua origem, ganhava uma dimensão inesperada – a imagem.

A imagem entre criação e imitação

Há na palavra "imagem" uma instabilidade semântica apontada, entre outros, por Peters (1983), Magnavacca (2005) e Gobry (2010), relativa à sua origem não enquanto visualidade, mas como representação.

Gobry (2010, p. 69) aponta o grego *eïkôn*, traduzido inicialmente como "ícone", como particípio presente de *eïkeïn*, "parecer" ou "semelhança", tendo como origem *eïkasia*, "percepção" ou "conjectura" – e próximo de *mimesis*, "imitação". Por sua vez, Peters (1983, p. 62) indica *eidolon* como "imagem", mas separando-a, a partir de Platão, na imagem constituída por reflexo, o *eïkon*, em contraste com a ideia de "aparência", *phantasma*, de onde a palavra "fantasia".

Os medievais a traduziram como *imago*, acrescentando à questão da imitação a perspectiva de uma produtividade técnica na origem da imagem. A *imago* não era entendida no plano de uma representação ideal, mas, antes, como representação ou *simulacrum*, criada a partir da aplicação de uma arte, *techné* – uma *poiesis* na origem da imagem que a distinguia da representação mental, de um lado, e do devaneio, de outro.

Até o aparecimento de técnicas mecânicas de reprodução, a imagem estava ligada a espaços restritos – o monumento, a igreja, a figura do soberano nas moedas, a pintura ou escultura encomendada e exibida nos centros do poder – e dificilmente poderia ser vista fora de um âmbito urbano. A lógica de produção das imagens e sua circulação, bem como sua recepção, eram definidas de maneira bastante distinta.

Isso poderia levar, à primeira vista, a um contraste com a situação atual, levando, em uma interpretação apressada, à conclusão de que não existem mais restrições desse tipo, uma vez que qualquer pessoa pode produzir imagens: falar em um "regime de visibilidade", em uma sociedade definida pela produção ininterrupta de imagens, seria contraditório, quando não paradoxal.

Não parecem existir, como em um passado historicamente recente, condições restritivas de produção de imagens, ou direcionamentos e impedimentos a respeito de sua circulação. Dito de outra maneira, em uma época na qual virtualmente qualquer pessoa com um *smartphone* seria capaz de produzir, circular e receber imagens, falar em um "regime de visibilidade" como questão política pode parecer descabido, uma vez que não há nenhuma regulação sobre o assunto. Vale, no entanto, problematizar alguns aspectos dessa questão no sentido de, eventualmente, sublinhar alguns traços desse regime que, exatamente por não serem evidentes, se tornam potencialmente mais vigorosos no âmbito do espaço social.

Tomando como exemplo o caso das imagens religiosas, Marie-José Mondzain (2013; 2017), Schmidit (2007) e Eamon Duffy (2005) mostram como a criação de representações figurativas de personagens e cenas religiosas se transformou em uma das principais fontes de controvérsias políticas, teológicas e estéticas dentro do espaço das principais denominações cristãs entre os séculos III e XVI.

A autora e os autores indicam que, entrelaçada com a interpretação dos livros sagrados sobre a criação de imagens, havia também uma questão de soberania política: em um período no qual as imagens circulavam, sobretudo, nos espaços públicos, o lugar ocupado por uma representação religiosa estava em disputa com a prevalência das imagens do soberano laico – uma partilha de poder transformada em objeto de disputa entre duas das principais forças políticas daquele momento – uma instituição eclesiástica plenamente estabelecida em disputa com a soberania dos estados nacionais nascentes na Europa ocidental e do império Bizantino. A destruição dos ícones, o "iconoclasmo", não era apenas uma questão de obediência ou interpretação da letra religiosa, mas também se inseria em uma disputa pela instauração de um regime de visibilidade pública. Não é coincidência que Boutry (1997) fale em uma "teologia da visibilidade" no sentido de pensar em quais condições há uma consideração religiosa das perspectivas do visível/invisível no universo religioso cristão, no qual essa dualidade se apresenta como artigo fundamental.

A possibilidade de produção de imagens na contemporaneidade enfrenta uma série de restrições que desafia a ideia inicial de uma igualdade de possibilidades. Não é apenas a capacidade de produzir imagens que define um regime de visibilidade, mas todo um conjunto de elementos técnicos e discursivos responsáveis por indicar quem pode produzir qual tipo de imagem, e em qual circuito ela poderá encontrar seus caminhos de divulgação.

Mercado (2019), em termos relativamente semelhantes aos de Kate Keib et al. (2018), indica de que maneira as impressões compartilhadas estão ligadas a "curtir" ou não um *post* a partir de referências individuais e de grupo.

Daí o desconforto de alguns, visível, sobretudo, em redes sociais, quando outras lógicas de produção de imagens são acionadas – por exemplo, a partir do protagonismo dos até então retratados, ou mesmo de sua resistência à representação presumida. A uma possível, no limite, "falta de costume" em ver determinadas representações, some-se a dificuldade de compreender a presença de elementos, na imagem, que contradizem as expectativas em relação às visualidades, composições e formas de vida, quando um indivíduo ou grupo é retratado de maneira diversa do habitual, ou, no limite, apresenta suas próprias representações e imagens de si mesmo.

A insurgência da imagem se apresenta como elemento ao mesmo tempo estético, político e cognitivo, no sentido de que a compreensão não se limita apenas a entender o que aparece na imagem, como também a toda uma definição das emoções e afetos despertados pela imagem. Como recordam Sharrona Pearl e Alexandra Sastre (2014), a imagem política, mesmo quando não tem por objetivo "chocar", ao menos provoca algum tipo de inquietação. Ou, nas palavras de Rancière (2016, p. 67), "trata-se de organizar um choque, de pôr em cena uma estranheza do familiar, para fazer aparecer outra ordem de medida que só se descobre pela violência de um conflito".

Historicamente, essas condições de produção estiveram muito restritas, não apenas por questões vinculadas às aptidões específicas de um sujeito para a pintura ou o desenho, mas também pelas limitações de acesso à aprendizagem e aos instrumentos técnicos, como pincéis e tinta de boa qualidade. Mesmo o advento da fotografia, no século XIX, não foi suficiente para mudar radicalmente essa situação restrita de produção de imagens: pelo menos até os anos 1930 – e essa delimitação reconhece sua arbitrariedade –, a produção de imagens era um processo caro, restrito e, portanto, devia ser meticulosamente planejado.

A criação levava tempo, com a produção de poucas imagens originais a cada vez: mesmo a reprodutibilidade técnica, indicada por Benjamin, não era universal, mas restrita a alguns tipos de imagem adequadas à circulação dentro do regime de visibilidade de sua época; se era possível pensar no cartão-postal com a imagem da torre Eiffel reproduzida milhares de vezes, o retrato de família, por sua vez, era destinado ao álbum ou à parede da sala de estar, dentro de um regime de habitação de uma burguesia estabelecida – e sem perspectivas de reprodução não pela questão técnica, mas por outra, relacionada à circulação social da imagem: para que mais um retrato?

A imagem como política

Essa pergunta pode parecer deslocada, quase despropositada, quando se pensa nas condições contemporâneas de produção quase ininterrupta de imagens. Essa diferença pode ser entendida como reveladora das diferenças entre os regimes de visibilidade de épocas diferentes e de que maneira, diante da imagem, é necessário também questionar seu posicionamento dentro de um espaço de circulação. A compreensão desses elementos requer não apenas situar a imagem em uma época como também pensar nas condições de sua composição de acordo com as perspectivas do equilíbrio tensional entre o visível e invisível de cada época.

(O cinema, nesse ponto, parece ser altamente revelador dos regimes de visibilidade vigentes em cada época – do uso de elipses e metáforas para sugerir um fato que não está na tela até a crueza da representação "realista" de algo.) Anne-Marie Thibault-Laulan (1972) evidenciava o quanto a justaposição e/ou sucessão de imagens interferia no estabelecimento de algum tipo de sentido que emergia, na percepção do público, a partir das relações entre as fotografias; no mesmo sentido, Blanchard (1978) destaca o quanto essa relação também se estabelece com os textos que eventualmente acompanham as imagens.

Os temas, olhares, ângulos e representações de uma imagem podem se apresentar como indícios para a interpretação do regime de visibilidade no qual ela está inserida, permitindo que, a partir de seus traços, sejam elaboradas linhas de significação para situá-la dentro de um momento na História – não apenas o momento de sua produção, mas também seus circuitos de divulgação até se chegar ao momento de sua visualidade presente.

O fato de que milhares, talvez milhões, de imagens sejam produzidas todos os dias por *smartphones* e divulgadas em redes sociais de acesso mais ou menos restrito, diz algo sobre o regime de visibilidade contemporânea, tanto quanto, do século XIX até meados do século XX, o ato de ir até um estúdio fotográfico para "tirar um retrato", geralmente em família, para depois colocá-lo em exibição na parede de uma casa, também indicava o que poderia ser tornado visível ou não.

Uma *selfie* pode contemplar virtualmente qualquer situação que sua autora ou autor deseje registrar, julgando interessante de compartilhar em uma perspectiva de aprovação imediata de seus contatos virtuais – a "curtida" e o comentário nas redes sociais. A decisão de tirar uma *selfie* nesta ou naquela situação, com determinadas expressões corporais e faciais, só ou em grupo, diz respeito a uma "economia da imagem", na qual o excedente de produção diligentemente criado a cada segundo tenda a desaparecer na forma de arquivos disponíveis, mas raramente consultados, vinculados não mais ao instante de sua produção, mas apenas, e sobretudo, ao momento de sua postagem em uma rede social: a duração da imagem, neste caso, está ligada à efemeridade de "rolar a tela" do *smartphone* até ser substituída pela próxima.

Trata-se de uma imagem para ser vista, fruída e julgada em menos de um segundo, até sua justaposição com a próxima; talvez, em um primeiro momento, seja possível pensar até que ponto essa justaposição efetivamente cria algum tipo de sentido, que à primeira vista poderia ser tomado como análogo aos resultados da montagem cinematográfica: o sentido de uma imagem se complementa pela justaposição da próxima, em um alinhamento semântico no qual a autonomia de uma sequência não existiria senão a partir da aproximação com a posterior. A legibilidade de uma imagem, considera Didi-Huberman (2020, p. 173), "só pode ser construída quando estas estabelecem ressonâncias ou diferenças com outras fontes, imagens ou testemunhos".

Para seguir a conversa

Na torrente de imagens disponíveis nas redes digitais, essa sequência não é orientada por um efeito consciente de montagem para a indicação de um sentido; regida pela sequência dos algoritmos, sua composição apresenta-se como vagamente orientada por referências anteriores fornecidas pelo usuário da rede social.

O regime contemporâneo de visibilidade se pauta na produção de um excedente de imagens que efetivamente jamais atingirão outro destino senão o de terem sido criadas como parte de uma sequência da qual será escolhida a melhor. Mas isso se refere, evidentemente, às imagens que efetivamente são postadas: a facilidade técnico-digital de produção ininterrupta de fotos permite um grau de escolha entre os mínimos detalhes de cada fotografia, até que se encontre aquela julgada ideal para ser postada. Todas as outras tendem a se transformar em arquivos para serem guardados ou, em última instância, apagados após algum tempo – mas a presença, como componente da vida pública, talvez encontre aí também sua duração.

Referências bibliográficas

BLANCHIR, Gerard. L'image et sa légende. *Communication et langages*, n. 38, 2ème trimestre 1978. p. 30-42.

BOUTRY, Philippe. *Une théologie de la visibilité*. Cérémonial et rituel à Rome (XVIe-XIXe siècle). Rome: École Française de Rome, 1997. p. 317-367.

DIDI-HUBERMAN, Georges. *Imagens, apesar de tudo*. São Paulo: Ed. 34, 2020.

DUFFY, Eamon. *The stripping of the altars*. Yale: Yale University Press, 2005.

GOBRY, I. *Le vocabulaire Grec de la Philosophie*. Paris: Elipses, 2010.

KEIB, Kate et al. Picture This: The Influence of Emotionally Valenced Images, On Attention, Selection, and Sharing of Social Media News. *Media Psychology*, vol. 21, n. 2, p. 202-221, 2018.

MAGNAVACCA, S. *Lexico técnico de filosofía medieval*. Buenos Aires: Miño y Davila, 2005.

MARTINO, Luís M. S. *Comunicação e identidade*. São Paulo: Paulus, 2010.

_____. *Teoria das mídias digitais*. Petrópolis: Vozes, 2014.

MARTINO, Luís M. S.; MARQUES, Angela C. S. *No caos da convivência*. Petrópolis: Vozes, 2020.

MERCADO, Antonieta. Mediated images of success. *Communication Teacher*, vol. 33, n. 2, p. 94-98, 2019.

PEARL, Sharrona; SASTRE, Alexandra. The Image is (Not) the Event: Negotiating the Pedagogy of Controversial Images. *Visual Communication Quarterly*, vol. 21, n. 1, p. 198-209, out.-dez. 2014.

PETERS, F. R. *Léxico filosófico grego*. Lisboa: Ed. 70, 1983.

RANCIÈRE, Jacques. *O destino das imagens*. Rio de Janeiro: Contraponto, 2016.

SCHMIDTT, Jean-Claude. *O corpo das imagens*. Bauru: Edusc, 2007.

THIBAULT-LAULAN, Anne-Marie. Image et spectateurs. *Communication et langages*, n. 13, p. 36-52, 1972.

3. A CULTURA DIGITAL CONTEMPORÂNEA É HUMANA

Elizabeth Saad[*]

As duas primeiras décadas deste século XXI nos trouxeram complexidades, perplexidades e mutações. Será que ainda vamos nos lembrar do "*bug* do milênio" que nos acompanhou na virada do ano 2000? Ou melhor seria marcar a virada de 2020 para 2021 como "o ano que ainda não terminou"? Se voltarmos ainda mais no tempo, vamos encontrar o início da "rede", esse emaranhado de conexões e dispositivos sociotécnicos que nos cerca e nos determina em vários momentos do cotidiano. Quais foram as complexidades e mutações dos últimos trinta anos e em que potência elas nos atingiram?

---

[*] Professora titular sênior da Escola de Comunicações e Artes (ECA) da Universidade de São Paulo (USP), graduada e mestra em Administração de Empresas, doutora em Ciências da Comunicação pela USP. Docente e orientadora do programa de pós-graduação em Ciências da Comunicação. Coordenadora do grupo de pesquisa COM+. E-mail: bethsaad@usp.br; bethsaad@gmail.com.

Embora a aceleração tecnológica e a própria noção de tempo tenham nos envolvido, há que se reforçar o papel do humano em todo esse processo, seja para criar e conduzir a transformação, seja para nos reconectar com a essência, e o nosso papel central em tudo o que é comum, em tudo que se comunica e se sociabiliza.

Ao mesmo tempo, a aceleração da conectividade e das relações trouxe à luz todo tipo de desigualdades latentes ou disfarçadas da esfera pública pré-rede, reforçando a ideia de que as tecnologias digitais de informação e comunicação nem sempre funcionam como o meio de equalização e equilíbrio das relações humanas.

Mas, como se diz, "é o que temos", e é sobre nossa contemporaneidade que precisamos compreender as dinâmicas e atuar como comunicadores humanos.

É a partir desse olhar reflexivo e, também, propositivo que discuto aqui as características comunicativas de nosso tempo, o contexto onde se instalam e o papel humano de atuação protagonista deste tempo. E, simultaneamente, reforço que vivenciamos uma cena comunicativa desequilibrada e, em muitos casos, excludente.

Como vivenciamos o contemporâneo

Conexões e dispositivos parecem ser os vetores de nossos processos de sociabilidade.

Desde a introdução da internet como a conhecemos, há trinta anos, com a implementação da *World Wide Web* concebida por Tim Berners Lee, vem ocorrendo uma espécie de migração das atividades humanas para a rede digital de computadores. Notícias, informações, consumos diversos, relacionamentos, transações materiais e imateriais, políticas, opiniões e discussões foram se instalando na *web* como meio de acelerar tempos, derrubar fronteiras físicas, produzir trocas imediatas em tempo real, tudo mediado por uma interface computacional.

Estar conectado, ou ter acesso a uma conexão com a rede, passa a ser um elemento necessário ao cotidiano. E não só seres humanos se conectam. Máquinas, objetos, casas, sistemas de operação diversos, veículos, aeronaves são alguns exemplos de como operamos nossas vidas em rede.

E, para estar conectado, são necessários dispositivos.

Assumimos aqui um conceito amplo sobre dispositivos, sustentado pelas propostas do filósofo italiano Giorgio Agamben[1] (em paralelo aos franceses Michel Foucault e Gilles Deleuze), para quem dispositivos na sociedade contemporânea são "quaisquer conjuntos heterogêneos, que incluem virtualmente qualquer coisa, linguístico e não linguístico no mesmo título: discursos, instituições, edifícios, leis, medidas de segurança, proposições filosóficas etc. O dispositivo em si mesmo é a rede que se estabelece entre esses elementos". Dispositivos sempre estabelecem uma relação estratégica e se inscrevem em uma rede de poder.

---

[1] AGAMBEN, Giorgio. O que é um dispositivo. In: AGAMBEN, Giorgio. *O que é o contemporâneo?* E outros ensaios. Trad. Vinícius Nicastro Honesko. Chapecó: Argos, 2009.

A partir de Agamben, podemos entender que os dispositivos de nosso contemporâneo conectado não são apenas os objetos materiais – um computador, um telefone celular, uma máquina operadora, um relógio inteligente ou um *tablet*, por exemplo. Temos de incluir como dispositivos todos os elementos de conexão que vêm "embutidos" nos objetos e que funcionam como mediadores das relações – por exemplo, um aplicativo de internet *banking*, um agregador de músicas, um *website*, um vídeo etc. Falamos, portanto, de materialidades e imaterialidades em conexão e agregadas como intervenientes nos processos de comunicação e sociabilidade humana.

Na prática, o cotidiano mediado por dispositivos conectados à rede se traduz no cartão do SUS como porta de entrada para a rede de atendimento, no cadastro de visitante para entrar em um edifício, nas sugestões de filmes que recebemos do operador de *streaming*, nas notícias que escutamos pelo celular e pelo respectivo aplicativo de rádio. Estes são poucos exemplos de nosso envolvimento conexão-dispositivos.

Tal cenário traz o protagonismo das plataformas sociais – os grandes espaços imateriais de interação, sociabilidade e transações disponibilizados pelos gigantes do Vale do Silício e alcunhados pela professora Jose Van Dijck[2] como *Big Five*. Falamos de Alphabet Inc./Google, Amazon,

---

[2] DIJCK, Jose van; POELL, Thomas; WAAL, Martijn de. *The Platform Society*: Public Values in a Connective World. New York, NY: Oxford University Press, 2018, 226 pp.

Apple, Facebook e Microsoft que operam todo um ecossistema globalizado de poder informacional, que modula algorítmica e comercialmente as relações econômicas e sociais. A autora e seus colegas pontuam que as plataformas sociais são alimentadas continuamente por dados (que os próprios usuários se encarregam de fornecer naturalmente), organizam-se por meio de algoritmos e processos de inteligência artificial (que tendenciam interesses), são governadas por modelos de negócio específicos, e tudo isso a partir de uma aceitação por parte de nós, usuários.

Para se ter uma ideia da intensidade e poderio das plataformas sociais no espaço digital, temos os dados de outubro/2020, providos pela consultoria Statista,[3] que indicam a existência de 4,66 bilhões de pessoas no mundo conectadas à internet, das quais 4,14 bilhões são usuárias de plataformas sociais e destas, mais de 90% acessam as plataformas por meio de um dispositivo móvel. Proporção similar ocorre no Brasil, onde, dos mais de 157 milhões de pessoas conectadas à internet, 98% são usuários de plataformas sociais.

Os mesmos dados de outubro/2020 revelam o *ranking* das maiores plataformas sociais, com o Facebook liderando com 2,7 bilhões de usuários, seguido pelo YouTube e WhatsApp, empatados com 2 bilhões cada, e seguem o chinês WeChat, o Instagram e o TikTok.

Conexões, dispositivos e plataformas sociais nos levam a dois cenários que ressignificam e impactam diretamente

---

[3] Disponível em: http://www.statista.com.

as relações humanas: a necessidade de ver e ser visto e a instalação de um novo *habitus* social para evidenciar o viver plataformizado. É comum em nossos tempos a frase "dá um Google" para resolver quaisquer necessidades de nosso cotidiano e também de nossa cognição.

Estar nas plataformas sociais significa, para a grande maioria de seus participantes, um processo de legitimação social, de pertencimento a qualquer instante, desterritorializado e dissociado de culturas locais. O professor John Thompson,[4] da Universidade de Cambridge, no Reino Unido, fala que vivenciamos uma visibilidade mediada "que possibilita a transmissão de informação e conteúdo simbólico para indivíduos situados remotamente no espaço, no tempo, ou em ambos". Com isso, abre-se um enorme campo de entes visíveis por meio das *selfies*, dos vídeos de *youtubbers*, dos *posts* de blogueiras(os) e, principalmente, da emergência da figura do influenciador e dos decorrentes ganhos potenciais por estar presente e pertencer a algo. Em alguns casos, o cenário de visibilidade torna-se um cenário do espetáculo social.

E, para ser visível, há que se comportar por meio das funcionalidades oferecidas pelas plataformas: *selfies*, dancinhas no TikTok, postagens, "curti", "descurti", emojis, repostagens, elogios, cancelamentos, e por aí vai. Comportamentos massificados, ou seja, um *habitus*, definido por

---

[4] Disponível em: http://www.revistas.usp.br/matrizes/article/view/153199/149813.

Pierre Bourdieu[5] como o modo de ser definidor de atores e agentes de um dado espaço social envolvendo falas, práticas e posturas em comum, para atuação diante de uma realidade. Temos, portanto, a realidade social das plataformas digitais em mutação contínua, povoada por um *mix* de atores e agentes – audiência, mídias, marcas, personagens e, principalmente, os algoritmos e *bots* – que configuram um *habitus* muito peculiar de nosso tempo, o qual ressignifica e impacta a práxis comunicativa.

Um contexto povoado de humanos e não humanos

Como vimos, nosso contemporâneo tem a marca das conexões e dos dispositivos que acabam por gerar todo um processo de sociabilidades baseado em visibilidades e em comportamentos massificados. Isso não ocorre "naturalmente". Temos por contexto a infraestrutura técnica das plataformas e da própria rede, e o comportamento humano se adequando a esse novo cenário social.

Conforme indicamos, a sociedade contemporânea, estruturada por conexões em redes digitais, requer um entendimento daquilo que está por detrás das telas e que faz a máquina social se movimentar; e também de qual o papel do humano nesse processo maquínico.

A professora Van Dijck deixa claro em seus trabalhos que vivenciamos um processo anterior às plataformas – o

---

[5] Disponível em: https://pt.wikipedia.org/wiki/Habitus.

processo de datificação de tudo. Se estamos conectados à rede por meio de algum dispositivo, qualquer atividade feita nesse ambiente transforma-se em um dado – um sinal eletrônico traduzido por zeros e uns que pode ser lido por sistemas computacionais. Na prática, se digitamos um mero texto em uma tela ou se clicamos um *emoji* de "curti", essa ação é absorvida numericamente pelo sistema que o sustenta. Considerando que a maioria de nossas ações de conectividade e comunicação acaba por ocorrer em uma plataforma social, é possível dizer que um comentário que fazemos na postagem de um amigo do Facebook vai incorporar-se a um imenso banco de dados que correlaciona tal ação ao perfil comportamental do usuário.

É aqui que surge a primeira relação entre o humano e a máquina – nós alimentamos o processo continuamente, fazendo com que enormes volumes de dados fiquem suscetíveis a processamentos, formatações, que são automatizados e universalmente disponibilizados.

As plataformas usam esses dados para gerar valor econômico para si mesmos ou para clientes que se disponham a pagar pelo acesso e pelo uso dos dados, de acordo com as condições de negócio de cada plataforma. Nesse processo de uso dos dados entra em ação uma sucessão de dispositivos técnicos – algoritmos, inteligência artificial, robôs (os *bots*), sistemas de aprendizagem de máquina, entre outros que se constituem em elementos dinâmicos que se adaptam e se alteram conforme as necessidades de seus proprietários.

Nessa etapa aprofunda-se a ligação entre plataformas (máquinas) e humanos, já que os principais atores do ecossistema são humanos (corporações, Estados), entidades representativas de grupos sociais (ativistas, jornalistas, partidos políticos), representantes "extrassociedade" (terroristas, hackers) e, claro, os cidadãos comuns.

Todo esse conjunto sistêmico é operado por seres humanos que programam dispositivos, controlam as plataformas e acionam as mudanças. Com isso, a rede reflete como em um espelho a sociedade que vivemos, a natureza humana com suas bondades e mazelas.

Com isso, é fundamental termos a consciência do papel do humano na sociedade digitalizada, dataficada e plataformizada, não apenas como partícipes da operação técnica, mas fundamentalmente como seres que se comunicam, interagem, trocam afetos e ódios, se expressam com verdades e falsidades, se fazem visíveis autênticos ou por meio de personagens, atuam para o bem comum ou para interesses particulares. A rede somos nós, nossa cultura, seja ela qual for. A tecnologia, a rede, as plataformas apenas amplificam e aceleram o que já existe.

Como atuar na cultura digital – o protagonismo do humano

Se temos claro qual é nossa realidade, cabe ao ser humano, indivíduos e grupos sociais, definir suas ações nesse processo. Se a rede está fincada em nosso cotidiano, se dela dependemos para nos comunicarmos e se sabemos que ela permanecerá cada vez mais presente em nosso futuro, o que podemos fazer agora para vivenciar a cultura digital de uma forma mais humanista? Por outro lado, se sabemos que a sociedade hiperconectada não está ao alcance de todos, de uma forma universal e equivalente, quais ações inclusivas e humanísticas podemos empreender?

Evidente que não existe consenso para o cenário até aqui descrito, como também não existe solução universal para todas as questões indicadas. Apenas proponho aqui algumas sugestões que valorizam a ação do comunicador humano.

Conscientização, educação, informação legítima e ética são quatro caminhos que podem resultar em um enriquecimento da cognição coletiva sobre a cultura digital e, ao mesmo tempo, com um potencial enorme de multiplicação. Empreender tais ações é função do homem – cidadão comunicador que atua nos múltiplos espaços institucionais e de representação do tecido social.

Conscientização sobre como funciona a rede e cada uma das plataformas sociais é uma ação fundamental e responsiva tanto para usuários quanto para operadores das plataformas e sistemas. Apesar de estar praticamente naturalizado o uso de um celular para enviar mensagens e tirar fotos, para postar no Facebook ou para até mesmo falar em modo áudio via o WhatsApp, por exemplo, é preciso construir ações de esclarecimento de forma contínua, já que os sistemas que operam a rede estão sempre em melhorias constantes.

Importante esclarecer sobre como funcionam os algoritmos, sobre o fato de que cada ação que se faz em um dispositivo – voluntária ou involuntariamente – é convertida em sinais codificados que alimentam uma cadeia de interesses geralmente privados e, até mesmo, de governos. Não existem, tecnicamente, anonimato e invisibilidade em ambiente de conexão digital.

Com isso, há que se conscientizar também cada um de nós sobre o estabelecimento de um processo de governança individual para presença nos ambientes digitais. Falamos aqui da responsabilidade de cada um sobre suas narrativas de vida, aquelas que são públicas e visíveis a qualquer tempo e por qualquer um, e aquelas da ordem privada que delimitam a visibilidade da intimidade e do eu. Algoritmos não distinguem fronteiras de cada usuário da rede. Eles simplesmente detectam o dado e o classificam e o manipulam conforme as regras privadas do próprio sistema.

A vertente de educação não está restrita à conhecida alfabetização midiática e computacional, ainda que sua relevância seja central. Também possui relação estreita com os aspectos de informação contínua. É o que denominamos de "alfabetização midiático-informacional de amplo espectro", envolvendo cruzamentos matriciais entre faixas de públicos – do infantil ao profissional –, com diferentes formatos de aproximação com meios de estímulo ao conhecimento – livros, rodas de leitura e conversa –, reconhecimento de notícias/informações e sua categorização no espectro de veracidade, estímulos à cognição (criatividade, expressão e linguagem, raciocínio lógico, *design* social etc.), dentre os principais. Simultaneamente, é importante aculturar uma grande parcela da população quanto aos recursos, fontes, ferramentas e sistemas sociotécnicos que sustentam todo o processo midiático-informacional, por meio da aproximação às diferentes fontes de produção do conhecimento científico – cientistas, pesquisadores, universidades, institutos, entre outros.

Por último, algo que consideramos um dos grandes pilares da sociedade contemporânea: a ética individual e coletiva. Tema extenso que ultrapassa a proposta deste ensaio, mas apenas uma palavra: se não nos apoiarmos em preceitos, regras e valores que preservem a igualdade, a liberdade de expressão e a responsabilidade de cada um de nós perante o cenário de ampla digitalização, tudo o que criamos não terá futuro.

4. A COMUNICAÇÃO DO PAPA FRANCISCO

Moisés Sbardelotto[*]

Premissas

Escrever sobre a comunicação de Francisco é um grande desafio e até mesmo um grande risco, porque, na realidade, *o Papa comunica por si só*. Melhor do que ler um texto sobre a comunicação do pontífice, como este, é ler os textos escritos pelo seu próprio punho, acompanhá-lo, vê-lo, ouvi-lo, para assim ler, ver e ouvir como o próprio Papa Francisco comunica e se comunica. Todo texto sobre a sua comunicação distorce e manipula o seu sentido original,

---

[*] Jornalista, escritor, tradutor e doutor em Ciências da Comunicação. Membro do Grupo de Reflexão sobre Comunicação da Conferência Nacional dos Bispos do Brasil (CNBB) e colaborador do Instituto Humanitas Unisinos (IHU). Seu livro mais recente é *Comunicar a fé: por quê? Para quê? Com quem?"* (Ed. Vozes, 2020). E-mail: m.sbar@yahoo.com.br.

mesmo que involuntariamente. Toda forma de reflexão *sobre* a comunicação do Papa "molda" a comunicação papal a partir de interesses alheios aos do próprio Papa, acrescendo ou retirando "camadas de sentido".

Por outro lado, a comunicação de Francisco é uma comunicação *pessoal e conjuntural*. Em sua comunicação, ele se dirige a pessoas específicas, concretas, reais. Francisco não é um "Papa das massas", de uma comunicação genérica e generalista. É um Papa do toque pessoal, do olho no olho, dos abraços. Ele pratica uma comunicação sempre *local, relacional e artesanal*, que perde o seu sentido fora dessas especificidades – como neste texto. No fundo, não existe a comunicação "do" Papa Francisco, como algo exclusivo dele, mas sim a comunicação do Papa Francisco "com" um alguém específico que tem nome, rosto, história. Francisco sempre modula a sua comunicação de acordo com o momento, de acordo com o lugar, de acordo com as pessoas e os públicos, de acordo com aquilo que ele se sente inspirado a fazer, como demonstram seus inúmeros "discursos de improviso".

Além disso, é uma comunicação *multimidiática e multissensorial* – diferentemente deste texto. A comunicação papal se realiza pelas mais variadas linguagens, pelas mais variadas formas, pelos mais variados meios – e aqui, neste texto, só temos à disposição o "meio-palavra". Ao se tentar traduzir a complexidade da comunicação papal apenas em palavras, essa riqueza e essa dinamicidade comunicacionais do Papa Francisco acabam *estruturadas, enquadradas, cristalizadas, enrijecidas* e até mesmo *empobrecidas*.

A comunicação do Papa Francisco, em suma, tem uma dimensão *poliédrica*, para retomar um conceito importante ao próprio pontífice (cf. *Evangelii gaudium*, n. 236). É uma comunicação que envolve muitas características e expressões diferentes, embora unidas em um mesmo *estilo comunicativo*. Dar conta dessa riqueza e dessa diversidade, portanto, é um grande desafio e também um grande risco.

Entretanto, tudo o que o Papa Francisco diz e faz, na realidade comunicacional contemporânea, entra em circulação no tecido social. Pelo fato de ser uma liderança mundial, suas palavras e seus gestos se convertem em informação de interesse geral, em notícia nos diversos meios de comunicação, em assunto para a conversação interpessoal e nas redes digitais. Quando a comunicação papal entra nesses diversos circuitos, ela se torna efetivamente *social* – e já não pertence mais a ele. Torna-se uma comunicação pública, acessível, aberta, comum. Em suma, *complexa*: uma comunicação "tecida junto" nas tramas da vida, que todos e todas podemos tecer com ele.

Embora seja o Papa em pessoa quem escute, fale, escreva e faça a própria comunicação, nós também podemos participar desse processo de diversos modos, por meio daquilo que *fazemos* com essa sua comunicação. Então, todos e todas estamos "autorizados" a construir sentido não apenas *com* o Papa Francisco, como também *sobre ele e para além dele* – e é nesse sentido que este texto, por sua vez, ganha sentido.

Mas antes de falar sobre a comunicação do Papa Francisco, vejamos como ele mesmo fala sobre ela. Em uma

Audiência Geral em 2018, Francisco apresentou a sua própria compreensão desse processo. Segundo ele,

> quando falamos de comunicação entre as pessoas, referimo-nos não apenas às palavras, mas também aos gestos, às atitudes, até aos silêncios e às ausências. *Uma pessoa fala com tudo o que é e faz. Todos nós estamos em comunicação, sempre.* Todos nós vivemos comunicando (2018, s/p, grifo nosso).

Nesse breve e profundo parágrafo, o Papa Francisco sintetiza, de algum modo, grandes teorias do campo da Comunicação, reconhecendo que tudo é comunicação e que, portanto, tudo em uma pessoa é comunicação. Tudo o que ela é e faz. Todo momento da vida de uma pessoa é comunicação: comunicação de *algo*, comunicação com *alguém*. *Somos comunicação. Existimos em comunicação.* O processo comunicacional, portanto, passa pela vida inteira de uma pessoa. E o mesmo vale para o Papa Francisco, cuja comunicação perpassa muitos ambientes, muitas linguagens, muitos momentos, a sua vida inteira e muitas outras vidas.

Neste texto, pretendo apresentar alguns elementos mais relevantes dessa sua comunicação. Trata-se de uma seleção deliberada, com um forte critério pessoal de quem fez tais escolhas: haveria milhares de outras opções possíveis. Falarei aqui de apenas dez pontos, que, a meu ver, caracterizam de forma mais significativa a comunicação do Papa Francisco ao longo do seu pontificado. São eles: um antônimo, um sinônimo, uma parábola, uma metáfora, um texto, um discurso, um reconhecimento, um meio, uma ausência e um silêncio – que comunicam aspectos relevantes da comunicação de Francisco.

Por fim, ofereço um "bônus final", que, na realidade, é o elemento mais importante do modo de comunicar do Papa, pois efetivamente "encarna" o seu estilo comunicacional na realidade concreta da vida de hoje.

Um antônimo

Comecemos por aquilo que, segundo Francisco, *não é* comunicação, pelo seu antônimo. Trata-se daquilo que ele chama de *proselitismo*. Isto é, qualquer forma de contato com o outro que envolva, *a priori*, algum tipo de propaganda ou doutrinação em prol de qualquer partidarismo e sectarismo. Para o Papa, fazer proselitismo é não comunicar, e, vice-versa, comunicar é não fazer proselitismo.

Em um discurso ao Dicastério para a Comunicação, em 2019, Francisco disse que a comunicação, especialmente na Igreja, não pode ser mera "publicidade", porque esta vai buscar, de todos os modos, vender um produto. A Igreja, segundo ele, não é como uma empresa que procura ter mais consumidores. Francisco diz claramente a toda a Igreja:

> Vocês não devem fazer proselitismo. *Eu gostaria que a nossa comunicação fosse cristã e não um fator de proselitismo.* Não é cristão fazer proselitismo. Bento XVI disse com grande clareza: "A Igreja não cresce por proselitismo, mas por atração", isto é, por testemunho. E a nossa comunicação deve ser testemunho. Se

vocês quiserem comunicar apenas uma verdade sem bondade e beleza, parem, não o façam. Se quiserem comunicar uma verdade "mais ou menos", mas sem se envolverem, sem testemunharem com a própria vida, com a própria carne, parem, não o façam. Há sempre a assinatura do testemunho em cada uma das coisas que nós fazemos (FRANCISCO, 2019a, s/p, grifo nosso).

Proselitismo, segundo o Papa, é um anúncio vazio, "da boca para fora", que inclusive manipula o sagrado apenas para seduzir mais fiéis, para vender um determinado produto religioso. É uma forma de comunicação autocentrada: todos os meios são válidos para que um proselitista alcance os próprios fins ou os de seu grupo. O outro lhe é indiferente ou só lhe interessa desde que lhe "sirva" para algo.

Francisco é bastante claro e direto nesse sentido. "Se alguém vem fazer proselitismo, não é Igreja, é seita" (FRANCISCO, 2019b, s/p). Segundo ele, se alguém "vem ao seu encontro com o proselitismo, essa pessoa não é discípula de Jesus" (ibid., 2019c). E de modo lapidar: "O proselitismo é uma caricatura da evangelização" (ibid., 2015a, s/p).

Por quê? Porque, segundo o Papa, a raiz do proselitismo, no fundo, é a autorreferencialidade – outra palavra-chave do pontificado do Papa Francisco. Quem faz proselitismo está preocupado com o seu grupo, com a sua imagem, com os seus interesses.

Mas a comunicação cristã é um processo que se preocupa muito mais com o bem do outro, para que o outro "tenha vida e vida em abundância" (cf. João 10,10). Trata-se de se aproximar do outro com a "gramática do amor, não com o proselitismo" (*Christus vivit*, n. 211), esforçando-se para viver coerentemente a fé e buscando encarná-la na linguagem das pessoas de hoje.

Um sinônimo

Se "proselitismo" é o antônimo de comunicação, qual seria o seu sinônimo, nesta releitura da comunicação do Papa Francisco? Poder-se-ia dizer: se o antônimo de comunicação é proselitismo, o sinônimo – de acordo com o próprio Papa, como visto antes – é testemunho. É uma resposta válida. Mas se poderia questionar ainda: *testemunho de quê?*

A resposta – e também o grande sinônimo de comunicação que está presente desde o início do pontificado – é *encontro*. Na *Evangelii gaudium* ("A alegria do Evangelho"), exortação apostólica sobre o anúncio do Evangelho no mundo atual, o grande documento que abre o papado de Francisco, ele afirma que a própria vida cristã e o ser cristão nascem de um encontro "com um acontecimento, com uma Pessoa" (EG, n. 7): *um encontro com Jesus*. A própria fé, a experiência cristã e a evangelização nascem desse encontro. A pessoa se encontra com uma Pessoa, Jesus, e, a partir deste encontro, vai ao encontro dos demais, em um processo de comunicação que, portanto, não nasce nela mesma. Nasce na pessoa de Jesus, que lhe comunica algo. Esse é o "fluxo" da comunicação cristã. Se a comunicação cristã deve ser testemunho, como método indicado anteriormente por

Francisco, ela deve ser a *comunicação de um encontro*, como seu conteúdo e substância.

Para o Papa, aí está a "fonte da ação evangelizadora", porque, afirma ele, "se alguém acolheu este amor que lhe devolve o sentido da vida, *como é que pode conter o desejo de comunicá-lo aos outros?*" (EG, n. 8, grifo nosso). Então, se alguém se encontrou com Jesus, acolheu esse amor, se sente amado por ele, isso lhe devolve o sentido da vida, levando a um movimento de *comunicação por transbordamento*. Por isso, a importância da comunicação para a Igreja está justamente na sua dimensão evangelizadora (cf. FRANCISCO, 2013d, s/p). É por isso que, para a Igreja, a comunicação é uma missão (cf. FRANCISCO, 2019a, s/p).

Se o encontro com Jesus é a raiz e a fonte do próprio processo comunicacional cristão, a Igreja é chamada a

> fazer redescobrir, no encontro pessoal e também através dos meios de comunicação social, a beleza de tudo o que está na base do nosso caminho e da nossa vida, a beleza da fé, *a beleza do encontro com Cristo*. Também no contexto da comunicação é preciso uma Igreja que consiga levar calor, inflamar o coração. [...] É importante, queridos amigos, a atenção e a presença da Igreja no mundo da comunicação, para dialogar com o homem de hoje e *levá-lo ao encontro com Cristo* (FRANCISCO, 2013d, s/p, grifo nosso).

Esse encontro com Cristo e com as pessoas de hoje – que é comunicação – gera, por sua vez, uma "cultura do encontro" (EG, n. 220). Se várias pessoas fazem a experiência do encontro com Cristo e entre si, se várias pessoas promovem um processo comunicacional marcado pelo encontro, isso vai dando origem a uma verdadeira cultura, que, segundo Francisco, se baseia em uma "harmonia pluriforme". Não em uma homogeneidade.

Portanto, a comunicação, segundo Francisco, é também um processo que busca *harmonizar as diferenças por meio do encontro com e entre os diferentes* – e não se desfazer das diferenças e dos diferentes. As diferenças enriquecem, pois cada pessoa, sendo diferente, oferece às demais as riquezas das suas diferenças, e o processo comunicacional entre elas busca harmonizar tais diferenças, por meio do encontro e do diálogo.

Na encíclica *Fratelli tutti* ("Irmãos todos"), sobre a fraternidade e a amizade social, Francisco cita uma bela frase de Vinícius de Moraes: "A vida é a arte do encontro, embora haja tanto desencontro na vida" (FT, n. 215). A partir dessa constatação, ele faz um convite a "fazer crescer uma cultura do encontro que supere as dialéticas que colocam um contra o outro", como as que emergem com força na cultura contemporânea. Trata-se de construir "uma sociedade *onde as diferenças convivem* integrando-se, enriquecendo-se e iluminando-se reciprocamente, embora isso envolva discussões e desconfianças" (grifo nosso).

Quando esse encontro entre as pessoas se realiza, gera-se o diálogo social. Quando o diálogo social se realiza, gera-se a amizade social. E, quando há amizade social, há paz social, como fruto da cultura do encontro (cf. FT, n. 217).

É quase uma "fórmula comunicacional", que o Papa Francisco oferece para superar a atual sociedade da divisão, da discórdia, do descarte. Uma sociedade fraterna e irmanada é aquela em que são possíveis o encontro, o diálogo, a amizade e a paz. E o modo de fazer isso acontecer é a comunicação.

Uma parábola

Em Francisco, a comunicação também ganha sentido a partir de uma parábola, retirada dos Evangelhos. Trata-se da parábola do Bom Samaritano, contada por Jesus no Evangelho segundo Lucas. Francisco a relê comunicacionalmente em sua primeira mensagem para o 48º Dia Mundial das Comunicações Sociais (cf. FRANCISCO, 2014, s/p).

Ele parte de uma pergunta: "Como a comunicação pode estar a serviço de uma autêntica cultura do encontro?". É nesse contexto que ele introduz a parábola do Bom Samaritano, afirmando que ela é também a parábola do comunicador. É uma imagem muito bonita: ler essa parábola como um retrato do comunicador, do processo verdadeiro de comunicação a que o Papa Francisco nos convida. Ou seja, trata-se de agir não como o sacerdote e o levita, que simplesmente se desviam do homem "meio morto" na beira da estrada. Pelo contrário, trata-se de agir como o samaritano, que, *"chegou perto dele, viu e teve compaixão. Aproximou-se dele e fez curativos*, derramando óleo e vinho nas feridas. Depois colocou o homem em seu próprio animal, e o levou a uma pensão, onde *cuidou dele*" (Lc 10,25-37). Quantas ações divinamente humanas e que comunicam vida!

A partir desse relato, Francisco afirma: "Quem comunica se faz próximo", assim como o samaritano. Os outros personagens da parábola – o sacerdote e o levita – passam adiante, atravessam para o outro lado, para não se encontrar face a face com o homem ferido e caído às margens da estrada. O samaritano não: ele se aproxima daquela pessoa machucada e agredida. Com essa parábola, segundo Francisco, "Jesus *inverte a perspectiva*: não se trata de reconhecer o outro como um meu semelhante, mas da *minha capacidade de me fazer semelhante ao outro*" (grifo nosso).

Muitas vezes, até mesmo dentro da Igreja, pensamos que o processo de evangelização é ir ao encontro dos outros para que estes se tornem semelhantes a nós, vivam a mesma fé, acreditem nos mesmos valores, celebrem os mesmos ritos. Mas aqui o Papa está dizendo que a comunicação é outra coisa: é uma inversão de perspectiva. Nós é que devemos nos fazer semelhantes aos outros. Falando a mesma linguagem, tentando pensar como eles pensam, sentir como eles sentem, para assim construir a cultura do encontro.

Por isso, ele diz: "Comunicar significa *tomar consciência de que somos humanos*, filhos de Deus. Apraz-me definir este poder da comunicação como 'proximidade'" (grifo nosso). Isto é, comunicar é reconhecer a existência de um outro – que pode até ser totalmente diferente de mim – e perceber que há algo que nos une, tomando consciência de que nele ou nela há um ser humano como eu, um filho ou filha de Deus como eu.

A parábola do Bom Samaritano nos leva a pensar a comunicação como um movimento de se aproximar dos demais e de se irmanar com a pessoa que temos à nossa frente. Também com quem pensa diferente, sente diferente, ama diferente, reza diferente. *Nas e com as* diferenças – e não *apesar* delas. Trata-se de um texto que nos chama a ser "construtores de um novo vínculo social", de novas relações, de novas formas de se comunicar, "para que o bem seja comum" (FT, n. 66-67). Essa é a *comunicação samaritana* a que Francisco nos convida.

Uma metáfora

Além dessa parábola, há também uma metáfora que perpassa o pontificado do Papa Francisco e que diz muito sobre o seu modo de viver a comunicação. É a imagem da "saída": uma Igreja em saída, cristãos e cristãs em saída, paróquias em saída, pastorais em saída. Isto é, pessoas que conseguem sair de si mesmas, sair da sua autorreferencialidade, sair do seu isolamento, sair do seu narcisismo, sair do seu "mundinho" para ir ao encontro dos demais.

Francisco aprofunda essa metáfora na *Evangelii gaudium*, ao pedir uma transformação missionária da Igreja, que a leve a ser cada vez mais "em saída". Segundo o Papa, a própria Escritura e os Evangelhos contêm sempre a "dinâmica do êxodo e do dom, de sair de si mesmo, de caminhar e de semear sempre de novo, sempre mais além" (EG, n. 21). Esse "dinamismo de 'saída'" (EG, n. 20) se faz presente, por exemplo, em Abraão, Moisés, Jeremias. Em Jesus, no seu "Ide!", no mandato aos apóstolos de irem anunciar a Boa-Nova, também se manifesta uma "saída" missionária e comunicacional, à qual toda a Igreja é chamada ainda hoje. "Todos somos convidados a aceitar este chamado: sair da própria comodidade e ter a coragem de alcançar todas as periferias que precisam da luz do Evangelho" (EG, n. 20).

Comunicar, então, segundo Francisco, é "sair". Sair da comodidade e, às vezes, até da própria *comunidade*, das nossas "bolhas religiosas", para ir ao encontro do outro, do diferente, das margens, das periferias, de quem mais precisa da luz do Evangelho. Nesse sentido, para o Papa, a principal "saída" necessária é da *mesmice*: "A pastoral em chave missionária exige o abandono deste cômodo critério pastoral: 'Sempre se fez assim'. Convido todos a serem *ousados e criativos* nesta tarefa de repensar [...] o estilo e os métodos evangelizadores das respectivas comunidades" (EG, n. 33, grifo nosso). Francisco sonha "com uma opção missionária capaz de *transformar tudo*, para que os costumes, os estilos, os horários, a linguagem e toda a estrutura eclesial se tornem um canal proporcionado mais à evangelização do mundo atual do que à autopreservação" (EG, n. 27, grifo nosso). Uma comunicação ousada, criativa, atualizada e transformada.

O apelo do Papa é de que a pastoral da Igreja, "em todas as suas instâncias, *seja mais comunicativa e aberta*, que coloque os agentes pastorais em atitude constante de 'saída'" (EG, n. 27, grifo nosso). Para que a pastoral tenha essa comunicatividade e abertura, os agentes de pastoral têm de se pôr em movimento, estar em constante atitude de saída. Comunicar é pôr-se em saída, em uma ação de *êxodo* do próprio modo de pensar e de fazer as coisas.

Francisco prefere uma Igreja acidentada, ferida e suja de lama, por ter saído pelas estradas do mundo, a uma Igreja doente por se fechar, se acomodar e se apegar às próprias seguranças (cf. EG, n. 49). "Sair" demanda audácia e coragem, inclusive sob o risco de acidentes, feridas, de se sujar com o barro da história. Mas é o único modo de permanecer em movimento, de permanecer em relação, de permanecer *vivo*. Uma "Igreja em saída" – pelas estradas que forem necessárias – é a metáfora que o Papa Francisco deseja trazer para o imaginário eclesial, como "imagem prática" para inspirar suas ações comunicativas.

Um texto

Uma das ações comunicativas mais tradicionais da Igreja é a publicação de documentos diversos, principalmente por parte dos pontífices. Em relação a Francisco, qual texto sintetizaria a sua compreensão da comunicação? Sem dúvida, a *Evangelii gaudium*. Essa sua primeira exortação apostólica, de novembro de 2013, é o documento que abre e inaugura o pontificado do Papa Francisco e que marca todo o papado até hoje.

Embora o Papa reconheça, no próprio texto, que os documentos hoje não despertam o mesmo interesse que em outras épocas e são rapidamente esquecidos, mesmo assim ele sublinha que a *Evangelii gaudium* "possui um *significado programático* e tem consequências importantes" (EG, n. 25, grifo nosso) para a vida da Igreja.

Francisco abre o texto dizendo justamente que "a Alegria do Evangelho enche o coração e a vida inteira daqueles que se encontram com Jesus" (EG, n. 1). A comunicação eclesial – o anúncio missionário – nasce desse encontro com Jesus, que enche a vida das pessoas de alegria – a alegria do Evangelho. É uma alegria "que se renova e comunica" (EG, n. 1). Por isso, ele convida a uma nova etapa evangelizadora marcada por esta alegria.

A *Evangelii gaudium* apresenta inúmeras perspectivas comunicacionais. No número 9, Francisco diz primeiramente que "o bem tende sempre a comunicar-se. Toda a experiência autêntica de verdade e de beleza procura, por si mesma, a sua expansão". Quando alguém experimenta a beleza, a verdade, o amor – como no encontro com a pessoa de Jesus –, isso preenche a sua vida, dando-lhe sentido. E, assim, busca-se expandir essa experiência, comunicando-a e compartilhando-a com os demais. "O teu coração sabe que a vida não é a mesma coisa sem Ele; pois bem, aquilo que descobriste, o que te ajuda a viver e te dá esperança, isso é o que deves comunicar aos outros" (EG, n. 121). Para

Francisco, a evangelização é um processo de comunicação de uma alegria, que, em primeiro lugar, tem que transbordar a vida pessoal de cada cristão e cristã, como víamos. Essa é a *lógica comunicacional da evangelização*, poderíamos dizer. Daí o convite a se apaixonar pela "missão de comunicar vida aos demais" (EG, n. 10).

A partir dessa premissa básica, Francisco reconhece ainda que, "se pretendemos colocar tudo em chave missionária, isso se aplica também à maneira de comunicar a mensagem" (EG, n. 34). Portanto, não apenas do ponto de vista pessoal, mas também eclesial e institucional, o processo de comunicação da mensagem cristã tem que ser marcado por essa "saída" missionária, que leve em conta a realidade concreta da vida. Mesmo entre as limitações das circunstâncias, é preciso procurar "comunicar cada vez melhor a verdade do Evangelho em um contexto determinado" (EG, n. 45), encontrando "o modo de comunicar Jesus que corresponda à situação em que vivemos" (EG, n. 121).

Nesse sentido, o documento traz uma inovação em relação à própria textualidade. Francisco também "sai" da sua centralidade como autor do texto e se abre a contribuições diversas, por exemplo, de outras Conferências Episcopais e de outros pensadores – prática que terá continuidade nos seus outros documentos. Nesse processo comunicativo intertextual, Francisco afirma ter consultado várias pessoas (cf. EG 16). O Papa não fala sozinho, do alto da sua "torre de marfim", mas sim na companhia, por exemplo, dos bispos da América Latina, da África, da Ásia, dos Estados Unidos, da França, da Oceania, do Brasil, das Filipinas, do Congo, da Índia.

Ao longo do texto, outros interlocutores de Francisco vão se destacando: os Papas Bento XVI – o mais citado de todos –, São Paulo VI, São João Paulo II e São João XXIII; outros santos como Tomás de Aquino, Agostinho, João da Cruz, Francisco de Assis, Pedro Fabro e Juan Diego; e o teólogo ítalo-alemão Romano Guardini, sobre o qual o então padre Jorge Mario Bergoglio, nos anos 1980, começou uma tese de doutorado na Universidade de Filosofia e Teologia Sankt Georgen, em Frankfurt, na Alemanha.

Dizendo e fazendo ao mesmo tempo, Francisco põe em prática, textualmente, a "salutar descentralização" por ele desejada para a Igreja e o papado:

> Penso que não se deve esperar do magistério papal uma *palavra definitiva ou completa* sobre todas as questões que dizem respeito à Igreja e ao mundo. Não convém que o Papa substitua os episcopados locais no discernimento de todas as problemáticas que sobressaem nos seus territórios. Neste sentido, sinto a necessidade de proceder a uma salutar "descentralização" (EG, n. 16, grifo nosso).

É como se o Papa dissesse: "Eu não tenho respostas prontas para tudo, não quero pôr o ponto final nos debates eclesiais". Francisco reconhece que a busca de respostas para os desafios da Igreja não compete somente a ele, nem cabe em um único texto. Isso demanda o envolvimento de toda a comunidade eclesial, na "tessitura" de suas relações comunicativas e na experiência da "'mística' de viver juntos [...] que pode transformar-se em uma verdadeira experiência de fraternidade, em uma caravana solidária, em uma peregrinação sagrada" (EG, n. 87).

Um discurso

Além de textos e documentos escritos, o Papa Francisco fez incontáveis discursos ao longo do seu pontificado. Aqui, quero destacar um deles, que me parece mais significativo do ponto de vista do seu contexto e dos seus conteúdos comunicacionais. Foi o discurso que ele proferiu em 2015, na cidade de Florença, na Itália, no 5º Congresso da Igreja Italiana (cf. FRANCISCO, 2015, s/p).

É um discurso que merece ser assistido, ouvido, lido na íntegra, pela profundidade das questões abordadas em torno do tema do congresso: "Em Jesus Cristo, um novo humanismo". Em sua fala, Francisco não apresenta um humanismo abstrato, mas sim o "humanismo cristão, que é aquele dos 'sentimentos de Jesus Cristo'". Principalmente, de três sentimentos: a humildade, a abnegação e a bem-aventurança, que dizem muito também à comunicação.

Em primeiro lugar, a comunicação cristã, à luz do que disse Francisco, não deve ter a obsessão de preservar a própria glória e a própria influência, mas deve "perseguir a glória de Deus". A comunicação cristã também deve ser abnegada, procurando a felicidade alheia, não sendo narcisista nem autorreferencial. "Quando o nosso coração é rico e muito satisfeito consigo mesmo, então não tem lugar para Deus", afirma o Papa. Por fim, a comunicação cristã também se baseia na bem-aventurança que vem da "alegria do Evangelho".

Francisco afirma que a Igreja que ele deseja para a Itália – e certamente também para o mundo – é uma Igreja que tenha a capacidade de diálogo e de encontro. Segundo o Papa, dialogar não é negociar, como se fosse uma mesa de escambo, de "quem dá mais". Não: "É buscar o *bem comum* para todos" (grifo nosso). Comum e comunicação: essas palavras compartilham uma mesma raiz que vem do latim *cum-munus*, ou seja, uma "ação (de tornar) comum", uma ação comum entre as pessoas que, ao mesmo tempo, torna algo comum entre elas. Buscando o bem comum, a comunicação possibilita a experiência de comunhão e a construção de uma comunidade (cf. SBARDELOTTO, 2020).

Francisco reconhece que muitas vezes o encontro se choca com a experiência do conflito. Mas, afirma o Papa, "não devemos temê-lo nem ignorá-lo, mas aceitá-lo [e] transformá-lo em um elo de um novo processo". Às vezes, discordamos, entramos em confronto por causa de nossas diferenças, mas elas também nos enriquecem, gerando novos processos, permitindo a emergência da novidade e da surpresa para todos. O conflito também pode ser um motivador de enriquecimento recíproco.

Nesse mesmo discurso, Francisco desafia a Igreja a não ter medo do diálogo: "Aliás, é precisamente o debate e a crítica que nos ajudam a evitar que a teologia se transforme em ideologia", afirma. Esse é um risco para todo cristão e cristã, pois, muitas vezes, as doutrinas são convertidas em relíquias a serem defendidas com unhas e dentes, ou em pedras para agredir os demais. Mas assim todo o cristianismo cai por terra, quando se ferem pessoas para se defender ideias.

Ao contrário, é preciso reconhecer que as próprias formulações de fé da Igreja são fruto de um diálogo e de um encontro entre culturas, comunidades e pessoas diferentes. E a sociedade se constrói e se fortalece quando as suas diversas riquezas culturais podem dialogar de modo criativo. Por isso, o Papa convida a Igreja a ser "fermento de diálogo, de encontro, de unidade".

Um dos principais interlocutores desse diálogo e desse encontro por parte da Igreja são os *pobres*, segundo Francisco. A comunicação cristã é chamada não só a lhes emprestar a sua voz na defesa de suas causas, mas também e principalmente "a escutá-los, a compreendê-los e a acolher a misteriosa sabedoria que Deus nos quer comunicar através deles".

Por fim, Francisco apresenta a imagem de Jesus, como ícone da comunicação divino-humana, resgatando o relato do Evangelho, quando Pilatos diz: "*Ecce homo*", "Eis o homem", o homem-Jesus. Um Jesus que acabara de ser agredido, esbofeteado, chicoteado. Mesmo assim, é um Jesus "que não recrimina, mas acolhe", afirma Francisco. Que acolhe, inclusive, as desavenças, os xingamentos, as cusparadas, mas transforma tudo isso em doação, em entrega, em amor. É esse homem, essa pessoa humana em quem o comunicador e a comunicadora cristãos têm de se inspirar para pensar e praticar a comunicação. Esse homem revela "o rosto de um Deus 'esvaziado', de um Deus que assumiu a condição de servo, humilhado e obediente até à morte", afirma Francisco.

Esse rosto também "olha para nós", continua o Papa, e, "se não nos abaixarmos, não poderemos ver a sua face [...] e as nossas palavras serão bonitas, cultas, refinadas, mas não serão palavras de fé. Serão palavras que ressoam vazias".

Um reconhecimento

Dentre inúmeros gestos de reconhecimento pelo seu modo de se comunicar, o Papa Francisco recebeu uma homenagem sem precedentes na história da Igreja. De fato, é um reconhecimento que desafia a própria teologia católica, pois envolve uma questão muito controversa na Igreja, como a homoafetividade.

Logo em seu primeiro ano como Papa, em 2013, a revista *The Advocate*, a publicação mais antiga voltada à comunidade LGBT dos Estados Unidos, fundada em 1969, escolheu ninguém menos do que Francisco como a "Pessoa do Ano". Uma escolha muito significativa e simbólica, quase paradoxal, em se tratando de um pontífice católico reconhecido como alguém de destaque no meio homoafetivo.

Representando um dos grupos sociais que ainda geram discórdias internas à Igreja, sendo geralmente muito rejeitados e marginalizados nas pastorais eclesiais, a revista – que não tem nenhuma vinculação com a Igreja – estampou sua capa com a foto de Francisco. E usou como manchete a frase que ele disse no voo de volta da Jornada Mundial da Juventude, no Brasil, quando, a uma pergunta da jornalista brasileira Ilze Scamparini, o Papa respondeu: "Se uma pessoa é *gay* e procura o Senhor e tem boa vontade, quem sou eu para julgá-la?" (FRANCISCO, 2013e, s/p). Foi a primeira vez que a palavra *gay* foi proferida por um Papa.

Como a revista justificou essa escolha? Segundo o editorial da *The Advocate*, "uma mudança significativa e sem precedentes ocorreu neste ano [2013] no modo como as pessoas LGBT são consideradas por uma das maiores comunidades religiosas do mundo. O Papa Francisco é o líder de 1,2 bilhão de católicos romanos em todo o mundo. [...] *Goste-se ou não, o que ele diz faz diferença*" (GRINDLEY, 2013, s/p, grifo nosso). A revista afirmava ainda que não se pode subestimar a capacidade do Papa de "persuadir corações e mentes a se abrirem às pessoas LGBT".

A publicação reconhecia que "o que Francisco diz sobre as pessoas LGBT já causou reflexão e consternação dentro da Igreja". Segundo a *The Advocate*, "a brevidade dessa declaração [proferida pelo pontífice no voo de volta do Brasil] e a atenção descomunal que recebeu imediatamente são evidências da influência do Papa". Ainda nas palavras do editorial, "os católicos LGBT que permanecem na Igreja têm agora mais motivos para esperar que a mudança esteja chegando".

E os anos seguintes do pontificado revelaram uma aproximação nada preconceituosa do Papa em relação às pessoas LGBT, a ponto de ele reafirmar com força, na exortação apostólica *Amoris laetitia* (sobre "a alegria do amor" na família), que "cada pessoa, independentemente da própria orientação sexual, deve ser respeitada na sua dignidade e acolhida com respeito, procurando evitar qualquer sinal de discriminação injusta e particularmente toda forma de agressão e violência" (AL, n. 250).

A comunicação do Papa Francisco – aberta ao diferente e às diferenças, que busca o encontro, sem excluir ninguém, dialogante e dialogal – foi reconhecida de modo muito significativo pela *The Advocate*, porque abre a Igreja justamente a esse outro – na realidade, a esses vários outros e outras – que, muitas vezes, ainda não encontram portas abertas na comunidade eclesial, devido a certo fechamento e discriminação. Com seu modo de comunicar, o Papa Francisco vai construindo pontes e derrubando os muros do preconceito que ainda dividem e excluem várias pessoas, dentro e fora da Igreja.

Um meio

Como já disse Marshall McLuhan, em uma frase que virou *slogan* para quase tudo, "o meio é a mensagem". E na comunicação do Papa Francisco, qual seria "o" meio por excelência? Entre os vários meios de comunicação que marcam o papado de Francisco, o que mais se destaca pode até soar banal e trivial em tempos de comunicação digital: o *telefone*. Francisco é um Papa que toma a iniciativa e telefona para inúmeras pessoas comuns. Não é um gesto corriqueiro nem insignificante. Primeiro, porque é o pontífice quem telefona. Segundo, porque as pessoas contatadas pelo Papa geralmente relatam com enorme surpresa e alegria as suas "experiências telefônicas íntimas" com o Papa.

Francisco é um sumo pontífice romano, um dos últimos monarcas da história contemporânea, alguém que tem um poder total sobre uma instituição como a Igreja Católica. E é esse "monarca" – essa instância máxima de uma instituição extremamente simbólica e significativa internacionalmente – quem toma a iniciativa, "desce do trono", se "rebaixa" e telefona pessoalmente para as pessoas mais variadas – mães e pais de família, crianças, adolescentes, jovens, políticos, pessoas de outras religiões, de outras sensibilidades e gêneros etc. É uma comunicação *invertida*: uma grande liderança mundial ligando para pessoas comuns, enquanto o "normal" seria pessoas comuns tentarem entrar em contato com tais lideranças – e quase nunca conseguindo.

Por meio do telefone, Francisco vai ao encontro e se põe principalmente *à escuta*. Não por acaso, no Brasil, ficaram famosos os chamados "orelhões", telefones públicos que se tornaram um símbolo da telefonia brasileira de algumas décadas atrás. Significar o telefone como uma "grande orelha" é entendê-lo como uma forma de se pôr à escuta de quem está do outro lado da linha, e não tanto de falar. Dizer "alô?" é dizer: "*Fale você*, senão a nossa comunicação se torna impossível". E é isso que o Papa Francisco faz quando telefona, pondo-se à escuta das várias realidades humanas.

Ele mesmo afirma que, para haver um diálogo autêntico, é preciso

> reservar tempo, tempo de qualidade, que permita escutar, com paciência e atenção, até que o outro tenha manifestado tudo o que precisava comunicar. Isto requer a ascese de não começar a falar antes do momento apropriado. Em vez de começar a dar opiniões ou conselhos, é preciso assegurar-se de ter escutado tudo o que o outro tem necessidade de dizer (AL, n. 137).

Com sua comunicação telefônica, Francisco reserva esse tempo como parte da sua agenda sempre tão cheia. Ele também "sai" e vai ao encontro das pessoas, a fim de ouvi-las sobre as suas necessidades. Afinal, ele mesmo reconhece que "nunca se deve responder a perguntas que ninguém se põe" (EG, n. 155). Trata-se de uma forma de comunicação direta, íntima, pessoal e personalizada. E também de uma comunicação inesperada e até inacreditável por parte de quem a recebe: "O Papa ao telefone?!".

Há vários relatos de pessoas que passaram por um processo de transformação pessoal a partir das experiências comunicacionais dos telefonemas papais. Muitas, plausivelmente, acharam que era um trote. "Alô, é o Papa Francisco": quem acreditaria ao ouvir isso do outro lado da linha? No Brasil, quem recebeu uma dessas ligações-surpresa foi o Pe. Júlio Lancelotti, vigário episcopal do Povo de Rua da Arquidiocese de São Paulo. Na ligação, o Papa pediu que, mesmo diante de todas as dificuldades, o Pe. Júlio continue seu trabalho junto aos mais pobres.

Em uma nota publicada em suas redes, o padre relatou: "Sua santidade, o Papa Francisco, falou comigo com toda simplicidade e proximidade, perguntando sobre a população de rua, como é nossa convivência com os irmãos de rua e quais as dificuldades que sentimos" (LANCELOTTI, 2020, s/p). E comentou a razão da ligação:

> O Papa disse que viu as fotos que enviamos para ele e que sabe das dificuldades que passamos, mas que não desanimemos e façamos sempre como Jesus, estando junto dos mais pobres. Pediu para transmitir a todos os moradores de rua o seu amor e proximidade e que todos rezem por ele. Ele reza por todos nós também (LANCELOTTI, 2020, s/p).

Tudo isso revela muito da comunicação do Papa Francisco. Desde o início do pontificado, ele recebe milhares de cartas e telefonemas. E pediu expressamente aos seus assessores e secretários que todas as mensagens mais relevantes, por carta ou por telefone, sejam comunicadas pessoalmente a ele, porque Francisco, também pessoalmente, deseja responder, seja telefonando ou escrevendo de próprio punho alguma resposta. É uma comunicação que inverte e subverte qualquer expectativa – assim como quando um Papa comunica abertamente o seu amor pelos sem-teto e pede, humildemente, a oração deles.

Uma ausência

A comunicação do Papa Francisco também é marcada por "não presenças". Ausentar-se é uma forma de comunicar algo. E aqui quero destacar uma *ausência* muito significativa. Em 2013, encerrava-se o Ano da Fé convocado por Bento XVI. Para marcar essa data, autoridades vaticanas organizaram um Grande Concerto em honra ao Papa, na Sala Paulo VI, no Vaticano, com a execução de peças de Ludwig van Beethoven, com coro e orquestra.

Mas o Papa Francisco simplesmente não foi, e sua cadeira vazia ficou lá, no meio dos espectadores, para o seu estupor. Uma cadeira vazia que falou muito mais do que se o Papa Francisco estivesse lá presente e fizesse algum discurso.

Por que ele decidiu se ausentar? O que ele queria comunicar com isso? Uma resposta possível está na *Evangelii gaudium*, quando Francisco afirma: "Jesus não nos quer como príncipes que olham desdenhosamente, mas como homens e mulheres do povo" (EG, n. 271). E ele ressalta que isso não é uma mera opinião do Papa: "São indicações da Palavra de Deus tão claras, diretas e contundentes que não precisam de interpretações".

De certa forma, organizar um concerto de música clássica em que Francisco será o centro das atenções é colocá-lo em uma posição em que ele não deseja estar, como se fosse um príncipe, uma estrela, uma celebridade. Não que ele não goste de música clássica, pelo contrário. Mas ele não quer ter essa "bajulação", por assim dizer; especialmente no encerramento do Ano da Fé, cujo foco absolutamente não deveria ser ele. Essa é uma visão renascentista do papado e uma visão principesca do Papa.

Quando Francisco veio ao Brasil, ele fez um discurso aos bispos da América Latina e disse que especialmente os bispos – e, portanto, ele também – devem ser "homens que amem a pobreza" (FRANCISCO, 2013b, s/p). Uma pobreza interior, mas também exterior, vivida com simplicidade e austeridade de vida. "Homens que não tenham 'psicologia de príncipes'", afirmou o Papa.

Essa é uma crítica que ele continua fazendo até hoje ao clericalismo. Sua ausência aponta para isso, comunicando a sua busca de romper com esse estilo de ser padre, centrado em si mesmo, na clericalidade como *status*. Tanto é que, em 2015, o Vaticano voltou a organizar um concerto, mas agora quem assumiu os primeiros assentos – a pedido do próprio Papa – foram os pobres, os mendigos, os sem-teto que moram no Vaticano. Nesse "Concerto para os Pobres", como foi chamado, foram eles que ocuparam as primeiras cadeiras e os lugares de honra. E esse espetáculo se tornou um evento anual com o passar do tempo, sempre voltado a esse público específico e muito querido pelo Papa.

Em 2016, também nessa mesma linha, o Papa Francisco institucionalizou outra ausência, ao transformar Castel Gandolfo – a residência de verão dos Papas desde o século XVII, com 55 hectares de pura riqueza e beleza naturais – em um museu. Ele mesmo nunca foi lá para descansar e nunca tirou férias naquele palácio. Sempre se ausentou daquela casa – assim como do próprio Apartamento Pontifício, optando por residir na Casa Santa Marta, a pousada em que ele havia se hospedado desde o conclave.

Entre ausências e desistências, manifestam-se ações simbólicas que comunicam muito sobre a "Igreja pobre e para os pobres" desejada pelo Papa Francisco (cf. EG, n. 198).

Um silêncio

Chegamos, assim, ao último ponto: um *silêncio*. Pouco antes da eleição de Francisco, Bento XVI já havia dito que, do ponto de vista comunicacional, silêncio e palavra devem se equilibrar e se integrar, para se obter um diálogo autêntico e uma união profunda entre as pessoas. Segundo ele, no silêncio,

> permite-se à outra pessoa que fale e exprima a si mesma, e permite-nos a não ficarmos presos, por falta da adequada confrontação, às nossas palavras e ideias. Deste modo, abre-se um espaço de escuta recíproca e torna-se possível uma relação humana mais plena. [...] *Por isso, do silêncio, deriva uma comunicação ainda mais exigente.* [...] Por isso é necessário criar um ambiente propício, quase uma espécie de "ecossistema" capaz de equilibrar silêncio, palavra, imagens e sons (BENTO XVI, 2012, s/p).

Na *Amoris laetitia*, Francisco aprofunda essa reflexão: "No amor, os silêncios costumam ser mais eloquentes do que as palavras" (n. 12). Um dos exemplos mais significativos dessa "eloquência silenciosa" foi em julho de 2013, quando ele foi visitar a ilha de Lampedusa, na Itália, porto de chegada dos imigrantes provenientes, em sua grande maioria, do norte da África. O Mediterrâneo, segundo a Organização Internacional das Migrações, é a rota migratória mais mortífera do planeta: de 2014 a 2020, mais de 20 mil pessoas morreram afogadas nesse mar, em uma tentativa desesperada de alcançar o litoral europeu, principalmente o italiano.[1]

Foi nas águas que rodeiam essa ilha que Francisco jogou, em silêncio, um ramalhete de flores, lembrando os milhares de imigrantes sepultados nesse cemitério aquático; pessoas miseráveis ou que sofrem as consequências da guerra, e que partem em busca de uma vida melhor. Ele fez esse gesto sem (precisar) dizer nada.

Na *Evangelii gaudium*, o Papa já havia reconhecido: "Os migrantes representam um desafio especial para mim, por ser pastor de uma Igreja sem fronteiras que se sente mãe de todos" (n. 210). E a comunicação de Francisco envolve essa dimensão também. Uma comunicação sem fronteiras e que se relaciona com todos e todas, especialmente com as populações mais marginalizadas e mais "periferizadas", como os migrantes.

Na encíclica *Fratelli tutti*, ele afirma que as sociedades e as culturas contemporâneas estão gerando uma

---

[1] Dados disponíveis em: https://news.un.org/pt/story/2020/03/1706451.

"globalização da indiferença", que está nos tornando mais intolerantes, mais fechados e mais racistas (cf. n 41). E qual a solução por ele proposta? Quatro verbos muito ligados com a comunicação: acolher, proteger, promover e integrar (FT, n. 129).

Que bom se a Igreja acolhesse, em seus processos comunicacionais, as pessoas que sofrem todo e qualquer tipo de discriminação! Que bom se a comunicação cristã protegesse os mais vulneráveis, pondo-se ao lado e em defesa deles. Que bom se os comunicadores e comunicadoras cristãos promovessem, em suas ações, as pessoas descartadas pela sociedade contemporânea e as integrassem não só na sociedade em geral, mas também e principalmente na própria comunidade eclesial.

Não seria preciso dizer mais nada sobre o Evangelho, porque esses gestos já teriam dito o mais importante.

Bônus final

Para além dos dez pontos aqui apresentados, é impossível falar da comunicação do Papa Francisco sem reconhecer que ela se encarna, verdadeiramente, em seus *gestos*.

Uma vez, na Polônia, um jovem lhe perguntou: "Na universidade, eu tenho muitos colegas ateus. O que devo dizer a eles para lhes convencer?". A resposta do Papa foi muito clara nesse sentido: "Nada, meu caro, nada! A última coisa que você deve fazer é *dizer* alguma coisa. Comece a viver, e eles, vendo o seu testemunho, lhe perguntarão: 'Mas por que você vive assim?'" (FRANCISCO, 2020b, s/p).

Para Francisco, não basta "dizer" a fé para que as pessoas creiam: é preciso *fazer*, pondo-a em prática na concretude da vida e comunicando-a por meio do testemunho. "Mostre-me a sua fé sem as obras, e eu, com as minhas obras, lhe *comunicarei* a minha fé" (cf. Tg 2,18).

E o primeiro gesto de Francisco como Papa pode ser considerado a *síntese comunicacional* de todo o seu pontificado. Antes mesmo de se apresentar publicamente como pontífice, ainda nos bastidores da eleição no conclave, ele assumiu um nome que é extremamente simbólico, uma potência simbólica em si só: *Franciscus*. Adotar esse nome inédito na história dos pontífices católicos significava uma referência direta a um dos santos mais populares do mundo, São Francisco de Assis.

Segundo o então novo Papa, o nome foi escolhido logo após o fim da eleição, quando o cardeal brasileiro Claudio Hummes, frei menor franciscano e arcebispo emérito de São Paulo, parabenizou Bergoglio pela eleição e lhe disse: "Não se esqueça dos pobres!". O pontífice recém-eleito, então, logo pensou em Francisco de Assis, "o homem da pobreza, o homem da paz, um homem que ama e cuida da criação" (FRANCISCO, 2013c, s/p), como contou ele aos jornalistas poucos dias depois do conclave.

A escolha desse nome, do ponto de vista comunicacional, é uma verdadeira revolução. Trata-se não apenas de uma nomenclatura, de um apelativo, mas sim de um verdadeiro "programa de vida" ou, melhor, de um "programa comunicacional" do novo papado: atualizando, de um lado, uma memória afetiva do Pobrezinho de Assis, que evoca simplicidade, sobriedade, pobreza, e, de outro, expressando novidade, ineditismo, surpresa.

Tudo o que veio depois ao longo do pontificado foi consequência dessa escolha diruptiva de um nome que "dava nome" a um novo jeito de ser Papa e de praticar o papado. Como, por exemplo, a sua primeira aparição pública, na varanda da Basílica de São Pedro, no Vaticano, diante da ovação da multidão ali presente. Francisco saudou-a simplesmente com um leve aceno com a mão direita, entre atônito, hesitante e emocionado. E, em seguida, subverteu a tradicional bênção papal *Urbi et Orbi* (Sobre a cidade e sobre o mundo): "E agora gostaria de dar a bênção, mas antes... antes, peço-lhes um favor: antes que o bispo abençoe o povo, *peço-lhes que rezem ao Senhor para que me abençoe*; a oração do povo, pedindo a bênção para o seu bispo. Façamos em silêncio essa oração de vocês por mim" (FRANCISCO, 2013f, s/p, grifo nosso).

E inclinou-se diante do povo.

Com isso, Francisco reconheceu aquele "outro" multitudinário que estava à sua frente, pessoas diferentes dele mesmo, que também têm algo a oferecer, convocadas a ser *co-comunicadoras*. Estabelece-se um processo de comunicação que desconcerta até mesmo o jogo de câmeras do Centro Televisivo Vaticano: quem é o protagonista desses poucos instantes de silêncio? Em quem focar a imagem? O que vai acontecer em seguida?

A partir do gesto embrionário de assumir um nome-programa-de-vida, com o passar do tempo, "Francisco se revelou um 'Papa líder', sujeito capaz de condicionar as visões éticas, políticas e sociais da sua contemporaneidade às agendas temáticas das mídias e às expectativas em relação à Igreja" (LORUSSO; PEVERINI, 2017, p. 7, tradução nossa). Isso não se deveu, em primeiro lugar, a estratégias de comunicação midiática, mas sim a uma "intrínseca, pessoal, capacidade comunicativa de Bergoglio, que conseguiu *tornar uma série de gestos seus cotidianos particularmente significativos*, revalorizando ocasiões destinadas, caso contrário, a ser inobservadas" (LORUSSO; PEVERINI, 2017, p. 7, tradução e grifo nossos).

Francisco mesmo reitera a importância de uma comunicação *sensível*, e não apenas *inteligível*:

> De fato, não se comunica só com as palavras, mas também com os olhos, com o tom da voz, com os gestos. A forte atratividade de Jesus sobre quem o encontrava dependia da verdade da sua pregação, mas *a eficácia daquilo que dizia era inseparável do seu olhar, das suas atitudes e até dos seus silêncios*. Os discípulos não só ouviam as suas palavras, mas o viam falar. Com efeito, nele – o Logos encarnado – *a Palavra se fez Rosto, o Deus invisível se deixou ver, ouvir e tocar*, como escreve o próprio João (cf. 1Jo 1,1-3). A palavra só é eficaz se se "vê", se te envolve em uma experiência, em um diálogo. Por esse motivo, o "vem e verás" era e continua a ser essencial. [...] Há mais de dois mil anos,

uma corrente de encontros comunica o fascínio da aventura cristã. O desafio que nos espera, portanto, é o de comunicar encontrando as pessoas *onde estão e como são* (FRANCISCO, 2021, s/p, grifo nosso).

Em tudo isso, manifesta-se outra modalidade comunicacional, marcada pela concretude, pela normalidade, pela horizontalidade, pela dialogicidade. É uma comunicação para pessoas, entre pessoas, com pessoas: uma *comunicação humana, humanizada e humanizante*, reconhecendo o outro como irmão e irmã, onde quer que esteja, como quer que seja.

* * *

Escrever sobre a comunicação do Papa é escrever também sobre uma comunicação que *vai além dele*. Francisco não é "dono" da própria comunicação – e ele sabe e reconhece isso. Ele mesmo não quer se apoderar da sua comunicação, mas deseja *iniciar processos comunicacionais* (cf. EG, n. 223). Dentro da Igreja e também fora dela, como um mediador – mas não como um intermediário, que cobra o seu preço e busca os seus interesses em termos de visibilidade e fama. Não: ele se coloca a serviço da comunicação entre a sociedade em geral e, portanto, também na própria Igreja.

Francisco se torna, assim, um gerador de processos comunicacionais. Processos comunicacionais que são *maravilhosamente complexos*. É o que ele afirma na *Evangelii gaudium*: "Às vezes sentimos a tentação de ser cristãos, mantendo uma prudente distância das chagas do Senhor. Mas Jesus quer que toquemos a miséria humana, que toquemos a carne sofredora dos outros. [...] Quando o fazemos, *a vida complica-se sempre maravilhosamente*" (EG, n. 270). Essa maravilhosa complexidade da comunicação do Papa Francisco se explicita no fato de ser uma comunicação que "sai", que vai ao encontro, que escuta, que busca o diálogo, que se coloca a serviço dos outros para tocar a sua carne sofredora.

E, por ser uma comunicação complexa, tudo o que foi aqui escrito sobre ela é apenas uma pequena parte de um todo muito maior, que ultrapassa qualquer tentativa de síntese textual. Por isso, este ponto final deseja ser o sinal de um recomeço, para continuar a comunicação *com e como Francisco*, ajudando-o na construção de uma "cultura que privilegie o diálogo como forma de encontro, a busca de consensos e de acordos, mas sem a separar da preocupação com uma sociedade justa, capaz de memória e sem exclusões" (EG, n. 239).

Referências bibliográficas

BENTO XVI. Silêncio e palavra: caminho de evangelização. Mensagem para o 46º Dia Mundial das Comunicações Sociais. *Vatican.va*, 24 jan. 2012. Disponível em: https://bit.ly/3pejZeB. Acesso em: 25 jan. 2021.

FRANCISCO. Exortação apostólica *Evangelii gaudium*: sobre o anúncio do Evangelho no mundo atual. *Vatican.va*, 24 nov. 2013a. Disponível em: https://bit.ly/3o5YNq4. Acesso em: 25 jan. 2021.

_____. Discurso aos bispos responsáveis do Conselho Episcopal Latino-Americano (Celam), por ocasião da reunião geral de coordenação. *Vatican.va*, 28 jul. 2013b. Disponível em: https://bit.ly/36aZsjE. Acesso em: 25 jan. 2021.

_____. Discurso no encontro com os representantes dos meios de comunicação social [após o conclave]. *Vatican.va*, 16 mar. 2013c. Disponível em: https://bit.ly/36tYEH5. Acesso em: 25 jan. 2021.

_____. Discurso aos participantes na Assembleia Plenária do Pontifício Conselho para as Comunicações Sociais. *Vatican.va*, 21 set. 2013d. Disponível em: https://bit.ly/2NtX1Ci. Acesso em: 25 jan. 2021.

_____. Encontro com os jornalistas durante o voo de regresso [do Brasil]. *Vatican.va*, 28 jul. 2013e. Disponível em: https://bit.ly/3iMR2UX. Acesso em: 25 jan. 2021.

_____. Bênção apostólica *Urbi et orbi* e primeira saudação. *Vatican.va*, 13 mar. 2013f. Disponível em: https://bit.ly/3pl8QJ3. Acesso em: 25 jan. 2021.

_____. Comunicação a serviço de uma autêntica cultura do encontro. Mensagem para o XLVIII Dia Mundial das Comunicações Sociais. *Vatican.va*, 1º jun. 2014.

Disponível em: https://bit.ly/2MfTEOO. Acesso em: 25 jan. 2021.

_____. Homilia na Santa Missa pela evangelização dos povos no Parque do Bicentenário em Quito, Equador. *Vatican.va*, 7 jul. 2015a. Disponível em: https://bit.ly/3c39Spy. Acesso em: 25 jan. 2021.

_____. Encontro com os participantes do V Congresso da Igreja Italiana. *Vatican.va*, 10 nov. 2015b. Disponível em: https://bit.ly/3qMlYaE. Acesso em: 25 jan. 2021.

_____. Audiência Geral. Catequese sobre os Mandamentos – 13. *Vatican.va*, 14 nov. 2018. Disponível em: https://bit.ly/3oVRB0S. Acesso em: 25 jan. 2021.

_____. Discurso aos funcionários do Dicastério para a Comunicação. *Vatican.va*, 23 set. 2019a. Disponível em: https://bit.ly/2XNUkNW. Acesso em: 25 jan. 2021.

_____. Saudação à Comunidade Abraão. *Vatican.va*, 14 set. 2019b. Disponível em: https://bit.ly/3p4hhIG. Acesso em: 25 jan. 2021.

_____. Diálogo com os estudantes do Liceu Albertelli de Roma. *Vatican.va*, 20 dez. 2019c. Disponível em: https://bit.ly/3c39BD2. Acesso em: 25 jan. 2021.

_____. Carta encíclica *Fratelli tutti*: sobre a fraternidade e a amizade social. *Vatican.va*, 3 out. 2020a. Disponível em: https://bit.ly/3o8NnBU. Acesso em: 25 jan. 2021.

_____. Homilia. A fé deve ser transmitida, oferecida, sobretudo, através do testemunho. *Vatican.va*, 25 abr. 2020b. Disponível em: https://bit.ly/36h9Iab. Acesso em: 25 jan. 2021.

GRINDLEY, Lucas. The Advocate's Person of the Year: Pope Francis. *The Advocate*, 16 dez. 2013. Disponível em: https://bit.ly/2MhJf5d. Acesso em: 25 jan. 2021.

LANCELOTTI, Júlio. *Atenção*. São Paulo, 10 out. 2020. Twitter: @pejulio. Disponível em: https://bit.ly/3c5sMMr. Acesso em: 25 jan. 2021.

LORUSSO, Anna Maria; PEVERINI, Paolo. Introduzione. In: LORUSSO, A. M.; PEVERINI, P. (org.). *Il racconto di Francesco: la comunicazione del Papa nell'era della connessione globale*. Roma: LUISS University Press, 2017. p. 7-12.

SBARDELOTTO, Moisés. *Comunicar a fé: por quê? Para quê? Com quem?* Petrópolis: Vozes, 2020.

5. CATEQUESE E CULTURA DIGITAL

Joana T. Puntel, fsp[*]

Introdução

Ano de 2020, exatamente no dia 23 de março, o Papa Francisco aprova e autoriza a publicação do *Diretório para a Catequese*, preparado pelo Pontifício Conselho para a Promoção da Nova Evangelização, tendo como presidente o Mons. Salvatore Fisichella.

---

[*] Joana T. Puntel (irmã paulina) é jornalista pela Faculdade de Comunicação Cásper Líbero (SP), mestra em Comunicação pela Metodista de São Paulo (Umesp), doutora em Ciências da Comunicação pela *Simon Fraser University* (Canadá) e Universidade de São Paulo (USP). É docente no Curso de Especialização Comunicação, Teologia e Cultura (SEPAC/ITESP). Membro da Associação Brasileira de Pesquisadores em Comunicação – INTERCOM. Membro da Equipe de Reflexão de Comunicação da CNBB (GRECOM). É pesquisadora, conferencista na área da cultura, Igreja-comunicação e Pastoral. Tem várias publicações pela Paulinas Editora. E-mail: joana.puntel@gmail.com.

O Diretório revela a dinâmica da Igreja em avançar no diálogo com a sociedade atual, onde vivem pessoas que necessitam de uma formação integrada, no sentido doutrinal, antropológico, teológico, sociológico, comunicativo. Conhecer e viver a fé em contextos atuais. Daí uma das razões que justifica o Diretório ter sido preparado pelo Pontifício Conselho para a Promoção da Nova Evangelização e cuja elaboração envolveu diversos especialistas, como expressão da universalidade da Igreja.

A panorâmica histórica do dinamismo da Igreja em dialogar com a sociedade demonstra que, em *1971*, São Paulo VI aprovava o Diretório Catequético geral, redigido pela Congregação do Clero. Era a primeira sistematização ao ensinamento que tinha emergido do Concílio Vaticano II. E o Papa Paulo VI considerava todo o ensinamento conciliar como "o grande catecismo dos tempos modernos".[1] Em 1992, São João Paulo II publicava o *Catecismo da Igreja Católica*, com a finalidade de "encorajar e ajudar a redação de novos catecismos locais que tenham em conta as diversas situações e culturas".[2] Em *1997*, o vasto e diversificado mundo da catequese recebeu mais um impulso positivo, o *Diretório Geral para a Catequese*, com novos estudos, permitindo melhor compreensão da exigência pedagógica e

---

[1] SÃO PAULO VI. *Discurso aos membros da Primeira Assembleia Geral da Conferência Episcopal Italiana*, 23 de junho de 1966.

[2] SÃO JOÃO PAULO II. Constituição Apostólica *Fidei depositum*: para a publicação do *Catecismo da Igreja Católica*, redigido depois do Concílio Vaticano II. Roma, 11 de outubro de 1992.

formativa da catequese, com especial atenção a uma renovada interpretação do catecumenato. E, depois de 23 anos, percorrendo caminhos de aprofundamento doutrinal, eclesial, sociocultural, vem à luz, em março de 2020, o *Diretório para a Catequese*. E como os desafios da dinâmica histórica se apresentam de forma crescente (e até inédita), multiplicam-se, também, as exigências para um diálogo renovado da fé com a sociedade atual, o novo diretório.

Sinalizações importantes

Primeiramente, a satisfação, a alegria pela relevância de um Diretório aprofundar a catequese no processo crescente da evangelização, na sua nova etapa à qual o Espírito Santo chama. Isto requer, diz a Introdução do Diretório, *comprometimento, responsabilidade* para identificar as novas linguagens com as quais comunicar a fé. Modificam-se as formas de transmissão da fé, e a Igreja é chamada e (pela sua missão) se compromete a decifrar os sinais dos tempos com os quais o Senhor indica o caminho a ser percorrido (palavras da Introdução do Diretório, p. 28-29).

Vale ressaltar, ainda, as palavras da Introdução do Diretório, reafirmando que

> o critério que norteou a redação deste *Diretório para a Catequese* encontra-se na vontade de aprofundar o papel da catequese na dinâmica da evangelização. A renovação teológica da primeira metade do século passado trouxe à tona a necessidade de uma compreensão missionária da catequese. O Concílio Ecumênico

Vaticano II e o sucessivo Magistério coletaram e reuniram o elo essencial entre evangelização e catequese, adaptando-o de tempos em tempos às exigências históricas. Portanto, a Igreja, que é "missionária por própria natureza" (AG, n. 2), encontra-se ainda disponível para uma confiante concretização dessa nova etapa de evangelização à qual o Espírito Santo a chama (Diretório 2020, 28).

Ainda, como preâmbulo, é indispensável chamar a atenção para o fio condutor da unidade dinâmica de pensamento reflexivo, discernimento, cuidado, incentivo do magistério da Igreja, com relação ao paradigma tecnocrático, que avança, domina e empodera-se em todos os campos. Trata-se de algo dominante. Já encontramos profunda e ampla reflexão do Papa Francisco no documento *Evangelii Gaudium* (Evangelho da Alegria – 2013); também no Capítulo III da *Laudato Si'* (2015): "A raiz humana da crise ecológica", em que o Papa Francisco afirma que "a humanidade entrou em uma nova era em que o poder da tecnologia nos põe diante de uma encruzilhada. [...] É justo que nos alegremos com estes progressos e nos entusiasmemos à vista das amplas possibilidades que nos abrem estas novidades incessantes, porque 'a ciência e a tecnologia são um produto estupendo da criatividade humana que Deus nos deu'" (102). E continua: "A verdade é que o homem moderno não foi educado para o reto uso do poder" (105), porque, diz Francisco, "o imenso crescimento tecnológico não foi acompanhado por um desenvolvimento do ser humano quanto à responsabilidade, aos valores, à consciência" (105).

O Papa Francisco, na Exortação Apostólica Pós-sinodal *Christus Vivit* (aos jovens e a todo o povo de Deus – *2019*), dedicou vários artigos para o ambiente digital (n. 86-90), os quais foram trabalhados, quase por inteiro, no atual *Diretório para a Catequese*. Ainda na Carta Encíclica *Fratelli Tutti* (2020), o Papa volta-se, especialmente no cap. VI, para "O diálogo e a amizade social", enfocando e chamando a atenção para "O Diálogo social para uma nova cultura", algo que tem a ver, e muito, com a cultura digital.

Ao percorrer o pensamento do magistério da Igreja sobre o diálogo da fé com a cultura atual, percebe-se, então, uma esteira que se abre muito sólida, em diálogo, na evangelização, onde está, se move e se desenvolve o ser humano.[3]

Apreciação geral – Diretório para a Catequese (2020)

Além de continuar o entrelaçamento com o pensamento dinâmico dos documentos citados (e outros), o Diretório leva em consideração e propõe um olhar mais aprofundado ao contexto cultural, pois ali, diz a Apresentação do Diretório, "podem emergir as novas problemáticas que a Igreja é chamada a viver" (p. 17). E os dois desafios são: o fenômeno da cultura digital, "que traz consigo a segunda conotação e a globalização da cultura". Sobre esses dois contextos, prossegue o Diretório, "tanto uma como a outra estão tão

---

[3] A continuação do pensamento do Magistério da Igreja se faz presente, também, nas temáticas anuais por ocasião do Dia Mundial das Comunicações, que se celebra, anualmente, no domingo da Ascensão.

relacionadas entre si que determinam reciprocamente e produzem fenômenos que evidenciam uma transformação radical na existência das pessoas" (p. 17).

Consideração geral sobre o texto

Os números que se referem à cultura digital, objeto deste texto, no contexto sociocultural (359-372), apresentam uma descrição exata, concisa (por vezes, densa), que demonstra conhecimento profundo sobre o assunto, sobre a evolução das tecnologias de comunicação. Não se trata de uma simples descrição, um elenco de ferramentas, de dispositivos tecnológicos, os mais úteis, eficazes, mais modernos para a educação, para o comércio, negócio etc. A descrição vai além, com um enfoque bem delineado e, por consequência, com um texto bem elaborado, e necessitará, sem dúvida, de cursos sobre a comunicação[4] para se poder compreender (e não somente usar) os dispositivos. É uma Igreja que fala com conhecimento de causa. E isto é positivo, pois ela fala a partir de dentro de onde vive o povo.

Outro ponto relevante a perceber nestes artigos (como um diagnóstico[5] da situação) é o enfoque *ambivalente*.[6] A

---

[4] Ou inserir a Comunicação nos programas formativos de Catequese, nas programações e cursos de catequistas.
[5] Diagnóstico: ao realizar exames, buscando encontrar a razão de uma situação através dos seus sintomas, é possível chegar a algumas conclusões.
[6] Ambivalência: existência simultânea e com a mesma intensidade de duas ideias com relação a uma mesma coisa e que se opõem mutuamente (Google).

Igreja não diz "aqui está o bem; aqui está o mal". Ela não tem a pretensão de ensinar a usar os instrumentos. Ela visa o ser humano, na dinâmica da comunicação, contemplando as implicações sociais, religiosas, subjetivas das tecnologias digitais. O que toca o ser humano, como o toca, como o transforma, como o constrói, como o desconstrói... Qual a lógica que está por trás. A catequese, então, é chamada a lidar com um ser humano que está no meio desse contexto de digitalização.

Um exemplo dessa *ambivalência* pode-se encontrar (entre muitos) no artigo 360, quando diz que a internet e as redes sociais criam "[...] uma oportunidade extraordinária de diálogo, encontro e intercâmbio entre pessoas, bem como de acesso à informação e ao conhecimento. *Por outro lado*,[7] o ambiente digital é um contexto de participação sociopolítica e cidadania ativa, e pode facilitar a circulação de informações independentes capazes de proteger com eficácia as pessoas mais vulneráveis, expondo as violações de seus direitos".

Outro exemplo, ainda no artigo 360, "A tecnologia digital pode ajudar a memória, por exemplo, por meio de ferramentas de captura, armazenamento e restituição de dados. As ferramentas de coleta digital de dados e os instrumentos de suporte às decisões melhoraram a capacidade de escolha [...] permitiram coletar mais dados para avaliar as diversas questões [...]". Mas continua no art. 361: "Deve-se

---

[7] Ênfase do autor.

reconhecer, no entanto, que o ambiente digital é também um território de solidão, manipulação, exploração e violência, até chegar ao caso extremo da *dark web*. Os meios de comunicação podem expor ao risco de dependência, isolamento e perda progressiva de contato com a realidade concreta, dificultando o desenvolvimento das relações interpessoais autênticas [...]".

É preciso recordar que diversas plataformas muitas vezes favorecem "o encontro entre as pessoas que pensam da mesma maneira, dificultando a relação entre as diferenças. Esses circuitos fechados (*bolhas*) facilitam a divulgação de informações e notícias falsas, fomentando preconceitos e ódio" (ChV, n. 89).

Nós nos concentramos na cultura digital

Importante notar que o artigo 356 chama a atenção da catequese para "compreender" a questão da técnica, a questão científica... porque elas afetam a visão do ser humano. E, por isso, levantam questões filosóficas e éticas relevantes, que dizem respeito ao ser humano, aos valores... à modificação das relações. Enfim, um exemplo das pesquisas, e já realidade crescente, são as áreas ligadas à inteligência artificial, à neurociência. O Diretório insiste, então, que "a catequese deve saber levantar questões e introduzir temas de particular relevância, como a complexidade do universo, a criação como sinal do Criador, a origem e o fim da humanidade e do cosmos" (357).

Falar em catequese e cultura digital...

É preciso levar em conta que o mundo das novas tecnologias criou uma nova infraestrutura cultural. E esta influencia a vida das pessoas. Portanto, é preciso compreender, em primeiro lugar, o que é uma nova cultura (não no sentido clássico... mas antropológico; cultura como o viver, o estilo de vida, as crenças...). Como afirma o teólogo Paolo Benanti em seu mais recente livro, *Digital Age. Teoria del cambio d'epoca. Persona, famiglia e società*:

> Devemos entender como cultura tudo aquilo que contribui para narrar o ser humano a si mesmo e para narrar a sua própria identidade às gerações futuras. Portanto, é cultura não apenas o conhecimento intelectual, mas também toda a *cultura material*. Os objetos que nós utilizamos são expressão e forma da nossa cultura: televisão, computador, celular etc. Nunca como hoje o digital é fonte de cultura. Nunca como hoje o motor da nova autocompreensão do ser humano passa pelo digital.[8]

E ao responder a pergunta "se o digital está transformando o humano", na mesma entrevista Paolo Benanti afirma que "o humano não está se transformando, mas sim

---

[8] Paolo Benanti, teólogo, professor de ética na Pontifícia Universidade Gregoriana (Roma), em seu recente livro *Digital Age. Teoria del cambio d'epoca. Persona, famiglia e società* [Era Digital. Teoria da mudança de época. Pessoa, família e sociedade, em tradução livre] (Ed. San Paolo, 2020). Entrevista disponível em: http://www.ihu.unisinos.br/605193-bem-vindos-a-era-digital-entrevista-com-paolo-benanti. Acesso em: 08 jan. 2021.

o modo como o humano se compreende e se descreve". Já encontramos no artigo 359 que nós vivemos em uma cultura que se caracteriza como amplamente digitalizada, que afeta de modo muito profundo a noção de *tempo e de espaço*, a percepção de si mesmo, dos outros e do mundo, o modo de comunicar, de aprender, de informar-se, de entrar em relação com os outros. O *digital*, portanto, não apenas faz parte das culturas existentes, como também está se estabelecendo como uma *nova* cultura, modificando primeiramente a linguagem, moldando a mentalidade e reformulando as hierarquias dos valores. Trata-se de uma cultura "planetarizada" (359).

Existem muitos pontos importantes levantados pelo Diretório na consideração das características gerais (359-361) da cultura digital. Entretanto, ele privilegia alguns, os que mais dizem respeito à pessoa, ao ser humano, pois a catequese é para este ser humano, não para as máquinas! E isto implica a consideração de, na cultura digital, levar em conta o que a catequese deveria ter presente, preparar-se para não usar somente os dispositivos digitais, mas também o que a cultura digital está significando, modificando, transformando no modo de ser humano.

1. *Transformação antropológica (362-364)*

Entre os muitos efeitos, transformações que a digitalização causa na sociedade, um deles, exponencial, é que a digitalização está levando a uma verdadeira transformação antropológica. "Os chamados *nativos digitais*, isto é, as pessoas nascidas e crescidas em contato com as tecnologias digitais em uma *sociedade multitela*, consideram as tecnologias como um elemento natural, não experimentando nenhum desconforto na manipulação e na interação com elas" (362). Mas, na realidade, há uma coexistência entre os não nativos digitais, especialmente educadores, professores e catequistas, os chamados *imigrantes digitais*, que não nasceram em um mundo digital, mas posteriormente entraram nele. E aqui não se trata simplesmente de aprender a manusear os dispositivos. Diz o Diretório que as diferenças fundamentais entre os sujeitos são as diferentes *abordagens mentais*[9] que eles têm com relação às novas tecnologias e ao seu uso.

A diferença está também no estilo do discurso, que nos primeiros é mais espontâneo, interativo e participativo (362). O nativo digital "privilegia a imagem em detrimento da escuta" (363).

> Do ponto de vista cognitivo e comportamental, encontra-se de certa forma moldado pelo consumo midiático ao qual está submetido, infelizmente reduzindo seu desenvolvimento crítico. Esse consumo de conteúdo digital, portanto, não é somente um *processo quantitativo como também qualitativo*, que produz outra linguagem e uma nova forma de organizar o pensamento. *Multitasking*, hipertextualidade e *interatividade* são apenas algumas características do que parece ser uma nova e inédita forma de compreensão e comunicação que caracterizam as gerações digitais (Diretório, 363).

---

[9] A ênfase é minha.

Constata-se, então, que emerge uma capacidade mais intuitiva e emocional do que analítica. E "a linguagem que tem maior aderência na geração digital é a da narrativa, muito mais que a da argumentação" (364). Daí, a arte de contar história. Esse tipo de linguagem leva os usuários a serem "usufruidores, e não decodificadores de mensagens" (364). Apesar da importância da narrativa, o Diretório aponta que, se ela se tornar o único instrumento de comunicação, corre-se o risco de que cresçam somente as opiniões subjetivas sobre a realidade. E continua: "Esse subjetivismo traz o risco de relegar questões políticas e éticas para a esfera pessoal e privada [...]. O universo narrativo se configura como um experimento no qual tudo é possível e dizível, e a verdade não tem peso existencial" (364).

São horizontes novos os quais a catequese é chamada a compreender, como o digital, com suas ferramentas, que são meios poderosos com possibilidades de formas novas e inéditas de transmissão da fé. "Mas também é verdade que a ação eclesial deve tornar conhecidas as possíveis ambiguidades ali existentes" (364).

2. Cultura digital como fenômeno religioso (365-367)

Também na cultura digital é possível encontrar uma variedade de crenças com características religiosas. E a disseminação se dá pelos algoritmos, também *softwares* que "cada vez mais sofisticados levam a perceber todo o universo como um fluxo de dados, a compreender a vida e os organismos vivos como pouco mais do que algoritmos bioquímicos". Isto possibilita e potencializa "acreditar que existe, para a humanidade, a vocação cósmica de criar um sistema abrangente de processamento de dados".

O Diretório compreende que se apresenta um inédito desafio de modalidade "que muda as coordenadas de referência no processo de confiança e de atribuição de autoridade". Por exemplo, "o modo como se questiona um mecanismo de busca, os algoritmos de uma inteligência artificial ou um computador sobre algumas respostas que dizem respeito à vida privada, revela que se relaciona com a máquina [...]". Isto cria respostas que levam a atitudes de fé. E cria-se uma "espécie de pseudorreligião universal que legitima uma nova fonte de autoridade". Uma cultura global que molda, sobretudo, o modo de pensar e de acreditar das próximas gerações de jovens. Acentua o documento que, para além de um desafio, é também uma oportunidade para compreender as instâncias antropológicas dos fenômenos, mas também refinar novas modalidades de evangelização.

3. Cultura digital e questões educacionais (368-369)

Reconhece-se, cada vez mais, que as mídias sociais, especialmente as de natureza digital, são, de fato, os principais agentes de socialização, quase chegando a substituir os tradicionais, como a família, a Igreja, a escola (368).

O acesso imediato a qualquer tipo de conteúdo desvinculado de uma hierarquia de importância ou escada de valores cria um "imediatismo do instante", suscitando muitas vezes a falta de visão integral. O documento acentua que "as mídias, por sua própria natureza, fornecem versões seletivas do mundo, mais do que acesso direto a ele, combinando diferentes linguagens [...] instantaneamente". O desafio é, então, admitir que as novas gerações nem sempre têm formação e preparo cultural para enfrentar os desafios que a sociedade digital apresenta. Daí a necessidade de uma educação midiática, necessária também para os catequistas que são convidados a se preparar e a sentir a necessidade de incluir a comunicação nas suas programações e planejamentos.

A intersubjetividade é também um ponto de chamada de atenção do Diretório, pois ela se desenvolve cada vez mais nas redes sociais "e cada vez menos nos espaços sociais tradicionais". Aqui também é necessária uma educação para estar no digital, pois não basta multiplicar as conexões para ver crescer também a compreensão recíproca. Então, como reencontrar a verdadeira identidade comunitária na consciência da responsabilidade que temos uns para com os outros, inclusive na rede *on-line*?

4. Anúncio e catequese na era digital (370-372)

No contexto atual, caracterizado pela cultura digital, há um chamamento para a Igreja refletir sobre "a peculiar modalidade de busca de fé dos jovens digitais". Consequentemente, o desafio para atualizar suas modalidades de anúncio para a linguagem das novas gerações. O artigo 370 ressalta que parece abrir-se a um período em que a catequese se torna portadora de instâncias capazes de gerar caminhos de aproximação à fé cada vez menos padronizados e mais atentos à singularidade de cada um. O desafio pastoral é acompanhar o jovem em sua busca de autonomia, que se refere à descoberta da liberdade interior e do chamado de Deus, que o diferencia do grupo social ao qual pertence.

Esclarecer a linguagem é, sem dúvida, outro desafio. Muitas vezes, a linguagem utilizada nas redes não tem consonância com a linguagem religiosa. "Pense, por exemplo, no chamado de Jesus para serem discípulos, termo esse que precisa ser explicado para evitar que se confunda com as dinâmicas típicas da rede: a dinâmica de serem discípulos, na verdade, não é a mesma que se estabelece entre um *influencer* e seus *followers virtuais*". É sempre reafirmado no documento que a verdadeira questão no processo do anúncio do Evangelho não é como utilizar as novas tecnologias para evangelizar, mas sim como se tornar uma presença evangelizadora no continente digital. Por isso, acrescenta que "a catequese não pode simplesmente digitalizar-se"; certamente precisa conhecer o poder do meio e utilizar todo o seu potencial e sua positividade, com a consciência, porém, de que não se faz catequese utilizando somente ferramentas digitais, mas oferecendo espaços de experiências de fé.

Uma importante chamada de atenção do Diretório é não confundir experiências autênticas com experimentos, pois a transmissão da fé se fundamenta nas experiências autênticas:

A *experiência* transforma e fornece chaves interpretativas da vida, ao passo que o experimento se reproduz apenas de maneira idêntica. A catequese é chamada a encontrar formas adequadas de enfrentar as grandes questões acerca do sentido da vida, da corporeidade, da afetividade, da identidade de gênero, da justiça e da paz, que na era digital são interpretadas de maneiras diferentes (371).

O documento finaliza sua consideração sobre *Catequese e cultura digital* abordando ainda o fato de que, na era digital, a catequese será personalizada, mas nunca como processo individual: "Do mundo individualista e isolado das mídias sociais se deve passar à comunidade eclesial, lugar no qual a experiência de Deus se realiza em comunhão e partilha da vivência" (372). E aqui a referência específica para o poder da liturgia na comunicação da fé e na introdução à experiência de Deus.

E conclui acentuando que o desafio da evangelização inclui o desafio da inculturação no continente digital. A importância de "não confundir os meios com o fim, de discernir como navegar na rede, de modo a crescer como sujeitos e não como objetos, e ir além da técnica para encontrar uma humanidade renovada na relação com Cristo".

Considerações finais

À guisa de conclusão sobre muitos e importantes pontos levantados pelo Diretório sobre a *Catequese e a cultura digital*, voltamos a manifestar nossa satisfação por a Igreja ter avançado, neste documento, no diálogo entre fé e cultura. Oxalá essas considerações do documento possam ser inseridas em planejamentos de cursos de catequese, em textos catequéticos, como diálogo com a pessoa contemporânea.

Fica também um convite para a superação das possíveis reações de que, por falta de conhecimento no campo da comunicação e seus desafios, "nos contentemos a usar simplesmente os dispositivos" sem atingir o núcleo da questão. Superar a tentação de transferir para a catequese, muitas vezes, as dificuldades ou nosso pouco conhecimento e atualização para, então, continuarmos a insistir na "separação" de catequese como doutrina e "comunicação" como instrumento. A Igreja nos pede o diálogo entre fé e cultura. De maneira explícita, agora, no Diretório para a Catequese.

6. O SER HUMANO EDUCOMUNICATIVO: UM ESTILO

Helena Corazza, fsp[*]

A dimensão antropológica do ser humano é comunicativa, pois a relação é constitutiva de seu existir e expressar-se. Ao falarmos do ser humano educomunicativo, estamos relacionando um campo de conhecimento e atuação que envolve a comunicação e a educação em que pensadores

---

[*] Helena Corazza é jornalista, com licenciatura em Letras, doutora e mestra pela ECA-USP (Escola de Comunicações e Artes da USP); diretora e docente no SEPAC (Serviço à Pastoral da Comunicação); coordenadora do curso de pós-graduação *lato sensu "Comunicação, Teologia e Cultura: teórico-prático"* do SEPAC, em convênio com o Itesp; docente no Instituto Teológico São Paulo (Itesp); autora dos livros: *Comunicação e relações de gênero em práticas radiofônicas*; *Pastoral da comunicação: diálogo entre fé e cultura*; *Acolher é comunicar*; *A comunicação nas celebrações litúrgicas*; *Educomunicação: formação pastoral na cultura digital*; assessora em instituições e comunidades na área da formação para a Educomunicação e pastoral. E-mail: helena.corazza@paulinas.com.br

dos dois campos reconhecem o humanismo que perpassa tanto a comunicação quanto a educação.

O campo da educação remete ao ensino formal, enquanto o da comunicação, aos meios e suportes da tecnologia que potencializam conteúdos multimídia e em multiplataformas, ampliando sua propagação. Daí pode surgir uma visão com predominância instrumental da comunicação que vê a ampliação do alcance da mensagem sem considerar o humano atuante tanto na educação quanto na comunicação.

O enunciado do ser humano educomunicativo remete ao ser humano enquanto sujeito ator (Touraine, 1994), atuante na educação, o professor/docente/educador e o comunicador produtor de conteúdos, apresentador, disseminador de ideias nos mais diversos formatos.

Tendo em conta que a Educomunicação é uma área de conhecimento que trabalha na interface comunicação e educação, a proposta aqui é considerar a pessoa do educomunicador não somente sob o olhar das tecnologias ou das técnicas, seja do campo da educação, seja da comunicação, mas também como sujeito mediador cultural que atua com diferentes linguagens e assume um estilo, um modo de ser e atuar na cultura digital.

O sujeito mediador cultural

A formação educomunicativa no contexto da comunicação e cultura envolve o conhecimento e a reflexão das áreas da comunicação e da educação, pois vê o ser humano como sujeito situado em uma teia de relações em que a comunicação se torna cultura cotidiana, não só pelo acesso às tecnologias, como também pelo modo de se relacionar, produzir e distribuir as informações. Fazendo parte da vida cotidiana e dos espaços educacionais, a comunicação possui muitas formas de se manifestar e de ser entendida, desde o aspecto técnico e funcional, até ao de cultura, em que os sujeitos apropriam-se, reinterpretam, recriam e produzem novos sentidos.

Conforme Martín-Barbero, o conceito de mediação sinaliza um deslocamento na interpretação da comunicação: "O eixo do debate deve deslocar-se dos meios para as mediações, isto é, para as articulações entre práticas de comunicação e movimentos sociais, para as diferentes temporalidades e para a pluralidade das matrizes culturais" (MARTÍN-BARBERO, 1997, p. 258).

Um dos desafios se coloca no processo relacional, na interação do ser humano com o contexto onde vive; por isso, reconhecendo-se comunicação por natureza, ele precisa aprender a ser. O que se é por natureza, precisa ser assimilado e aperfeiçoado cada dia de novo, na atitude de aprendiz permanente, cultivando o que se é, mas também aprendendo a conviver. Esta é uma busca contínua exigida pelo ato de comunicar, o que requer capacidade e abertura constantes para viver a comunicação e exercitá-la, indo ao encontro do outro, em atitude dialógica. Conforme Freire,

> o que caracteriza a comunicação enquanto este comunicar comunicando-se é que ela é diálogo, assim como o diálogo é

comunicativo. [...] a educação é comunicação, é diálogo, na medida em que não é transferência de saber, mas encontro de sujeitos interlocutores que buscam a significação dos significados (FREIRE, 1983, p. 66ss).

O conceito de mediação cultural traz consigo o mediador que atua no campo educacional e pastoral. O sujeito é uma categoria que se destaca na comunicação vista e produzida a partir do processo relacional e de sua inserção na sociedade, sendo ele compreendido como sujeito social que se constrói, interage e, ao mesmo tempo, é construtor de significado e ação social. São muitas as interpretações ao redor do conceito do sujeito, que assume diferentes facetas de acordo com os contextos socioculturais e diferentes temporalidades. Segundo Touraine,

> o ator não é aquele que age em conformidade com o lugar que ocupa na organização social, mas aquele que modifica o meio ambiente e sobretudo social no qual está colocado, modificando a visão do trabalho, as formas de decisão, as relações de dominação ou as orientações culturais (TOURAINE, 1994, p. 220).

A questão do sujeito que pensa, produz, negocia sentidos e intervém também pode ser caracterizada como "intelectual orgânico", apropriando-nos do conceito de Gramsci. Essa visão faz com que o ser humano pensante possa se apropriar dos conhecimentos, consiga planejar em diálogo com seus pares e seja criativo na busca de propostas e soluções criativas, servindo-se ou não das tecnologias.

Ao trabalhar a educação para a comunicação no processo relacional, a partir da cultura, tendo em conta a visão antropológica, a reflexão e a produção em chave comunicacional, o pensar e o atuar embasam-se em valores como a ética, a participação, o diálogo, trabalhando o potencial das pessoas em vista de seu crescimento pessoal e social. Ao capacitar para o conhecimento integrado entre teoria e prática, confere-se ao interlocutor a competência na reflexão para a busca de estratégias de ação e intervenção na sociedade.

Novos modos de narrar pelas linguagens

A Educomunicação na formação pastoral é trabalhada no contexto das mediações culturais em que a tecnologia possibilita novas linguagens e novos hábitos cotidianos no acesso ao conhecimento, que desafiam o campo pastoral. A hegemonia do livro e da mídia impressa durante séculos, orientada por uma lógica linear, agora convive com outras linguagens mediadas pelas tecnologias audiovisuais e digitais na lógica não linear.

A mudança nos modos de narrar, na cultura contemporânea, faz parte das linguagens e saberes marcados pela entrada de novos códigos e combinações, que criam sentidos, ampliando os modos de perceber, de sentir e de pensar, que articulam a lógica e a intuição. As expressões plurais e sensoriais na linguagem oral, escrita, sonora, imagética, digital de forma linear ou não linear, são maneiras de conhecer e narrar o mundo com janelas simultâneas, potencializadas pelas conexões da comunicação mediadas pelas tecnologias.

Para pensar, de maneira ampliada, a circulação da linguagem verbal nos meios de comunicação é necessário levar em conta os sistemas complexos de produção dos sentidos, os fluxos, cruzamentos, interpenetrações, interposições, ajustes e afastamentos de códigos e sistemas de linguagem que elaboram as significações nos ambientes midiáticos. Da mesma forma, palavras, sons, imagem, música, ordenados em uma nova totalidade significativa, criam novos significados e linguagens. São combinações nesse mecanismo sinergético, "toda ela movida por migrações, passagens e cruzamentos entre suportes, dispositivos técnicos, recursos digitais, linguagens" (CITELLI, 2006, p. 137).

As mudanças nas linguagens não são apenas uma dimensão constitutiva da vida social, nem dizem respeito somente aos meios de comunicação, mas têm a ver com uma forma determinada de a própria sociedade ser e se configurar, vinculada à revolução tecnológica da modernidade que elevou a técnica como parte do progresso e da felicidade do homem. Por esta nova configuração, ela provoca uma reelaboração do caráter simbólico da vida social enquanto tal, ligada à pretensão moderna da realização tecnológica dos desejos humanos.

A sensorialidade envolve todos os sentidos, desde o pensar a produção de um texto escrito, sonoro, imagético ou musical, como as percepções pela vista, ouvido, tato, parecendo estar em contradição com o pensamento e a educação que chame e desperte a consciência, caracterizados como uma nova era do sensível que questiona a postura da elite intelectual, a qual nos faz insensíveis aos desafios culturais que a mídia coloca a esta geração que se diverte com *games*, que vê cinema na televisão.

As novas linguagens, criadas pelas possibilidades e combinações com as tecnologias digitais que incorporam a velocidade e um processo de comunicação interativo, são um desafio para a comunicação e para a pastoral. Há uma tomada de consciência da necessidade de uma revisão de métodos de comunicação diante dessas mudanças, sobretudo com a cultura digital. No sentido de sua aplicação na evangelização, incentiva-se uma cultura participativa e colaborativa, em especial com as redes sociais. Isso requer uma revisão dos métodos pastorais e educativos, assim como o vem exigindo nos sistemas de ensino, nos processos políticos e na reorganização da sociedade em geral.

A Educomunicação como estilo de vida

Os valores da Educomunicação caminham na linha humanista, enquanto considera a pessoa como sujeito do processo que, por sua vez, tem como pilares o diálogo, a troca, tanto na educação quanto na comunicação. Dessa forma, os saberes entre os interlocutores circulam para uma construção coletiva que vai somando, criando e recriando possibilidades de crescimento das pessoas para sua atuação com autonomia, podendo "dizer a palavra", conforme Paulo Freire.

A *autonomia do espírito*, que Edgar Morin apresenta, tem como missão incentivar "uma cultura que permita compreender nossa condição e nos ajude a viver, e que favoreça, ao mesmo tempo, um modo de pensar aberto e livre" (MORIN, 2010, p. 11). E aqui é possível aproximar esta proposta com a de Freire, da *Educação para a liberdade*. A obra de Morin, assim como a de Paulo Freire, encontra-se engajada em uma luta para proporcionar aos educandos o aprimoramento das capacidades intelectuais para a autonomia de seus pensamentos e desenvoltura para lidar com a complexidade da vida e do mundo político.

Um dos valores da Educomunicação *como estilo* compreende uma metodologia teórico-prática, na qual o ser humano faz a experiência de pensar, produzir e colocar em prática o que aprendeu para compartilhar, em um processo relacional de comunicação. E essa metodologia carrega o sentido do "complexo", ou seja, o que é tecido em conjunto, em equipe, exercitando a alteridade.

Uma das experiências que ilustram essa metodologia é a do Serviço à Pastoral da Comunicação (Sepac), em sua proposta de "capacitar agentes culturais e sociais na área da comunicação, qualificando a atuação profissional, cultural e pastoral, na totalidade do ser humano". A competência neste campo é uma exigência que, aliada ao compromisso com os valores da cidadania, torna mais eficaz a comunicação. Essa metodologia tem como eixo central a comunicação como processo integrado, que inclui a reflexão, a ação e o relacionar-se de forma articulada. Trata-se de uma formação para ser e atuar, focando o ser humano como sujeito em sua interação e convivência na sociedade, com as tecnologias e o ambiente comunicativo e seu entorno.

Assim, insere-se a pessoa em sua formação humana, cultural, espiritual e intervindo na sociedade, em função de uma comunicação democrática e participativa. Nessa visão, evidenciam-se três eixos que tratamos em separado apenas por uma questão didática, mas que acontecem de forma integrada: pensar, produzir e conviver. O pensar envolve a reflexão teórica, o conhecimento disponível com distanciamento crítico, conforme as teorias atuais de análise da comunicação, a recepção e análise de produtos midiáticos; o produzir envolve o conhecimento das diferentes linguagens e a habilidade do planejamento e da criação de produções que possam circular na sociedade; o conviver envolve o ser humano como sujeito do processo comunicativo, o ambiente, a comunicação visual, o acolhimento das pessoas com afeto, a infraestrutura que possibilite o exercício e a experiência da comunicação.

A metodologia que abarca a reflexão, a prática e a convivência poderá contribuir para que os comunicadores do campo pastoral estabeleçam coerência entre o pensar, o produzir e o conviver, partes do processo participativo e dialógico das diferentes linguagens. Essas características educomunicativas podem ser um diferencial em seus ambientes de atuação.

O resultado da apropriação do conhecimento se dá na interface da comunicação com outras áreas, no campo pastoral, educacional e na análise dos produtos da mídia. A apropriação do conhecimento nas interfaces é devida à metodologia teórico-prática, em que se articulam o pensar e o produzir, favorecendo um novo modo de conceber a comunicação e, ao mesmo tempo, tendo um ambiente favorável de convivência em que se discute e realiza o processo de produção e as linguagens, em diferentes expressões da mídia para um resultado coletivo.

As práticas de intervenção se destacam nas análises, sendo um número significativo com evidências educomunicativas com crianças que participam da produção e da apresentação de programas em rádio católica; estudos sobre rádios comunitárias, que têm em sua gênese o processo participativo e de como, em alguns lugares, isso se torna mais evidente; estudos também de reuniões comunitárias para refletir sobre a Bíblia, e nesses encontros mantém o processo de participação e de compromisso com a transformação da realidade.

Continua o grande desafio de ser e atuar, educando para os valores do diálogo, da participação e do compromisso com a transformação da realidade, em uma sociedade em que prevalecem os valores do mercado.

Permanece também um desafio quanto à reeducação para o processo participativo e dialógico no contexto da cultura digital, um dos valores da comunicação popular e alternativa que a Educomunicação assume em sua gênese. A interatividade própria da cultura digital se expressa tantas vezes também como percebido nas análises, sem a dimensão coletiva, da comunidade e da colaboração, prevalecendo a autorreferência, uma característica visível e crescente.

Na experiência de trabalhar a formação para a comunicação com lideranças das pastorais, em sua maioria de adultos e jovens, portadores de uma formação e de projetos relativos à comunicação para suas comunidades e instituições, e considerando o caminho explicitado, pode-se afirmar que a Educomunicação é ou deveria ser um estilo de vida. A partir do momento em que a pessoa assume a comunicação como mediação cultural na reflexão, nas práticas e na convivência, ela se torna um modo de ser, de pensar e de atuar em seu cotidiano, seja na postura pessoal, seja nos ambientes ou na atuação junto à mídia.

Considerações educomunicativas

Para se construir um modo de ser, um estilo, não bastam tecnologias. É preciso uma carta humana e teórica que alimente o sonho de um ser humano que compartilhe, que saiba viver a troca de saberes teóricos e práticos, deixando de lado o individualismo e a competição em favor de outra sociedade possível.

São necessários também: a formação profissional integrada, que tenha em conta a dimensão antropológica, ou seja, forme profissionais comprometidos com os valores humanos e cristãos; a formação acadêmica e doutrinal, nos seminários e nas casas religiosas, bem como para o laicato; o conhecimento do público a quem nos dirigimos, sua mentalidade, cultura, valores, necessidades.

A Educomunicação torna-se um estilo de vida. Mais do que preceitos, técnicas ou lugares de atuação, é, ou deveria ser, um estilo de ser e de atuar nas pastorais e na ação evangelizadora. Trata-se de uma cultura que paulatinamente está sendo construída, em que educadores e comunicadores colocam e consideram o ser humano, sobretudo o que está na liderança, como sujeito, interlocutor, mediador de processos nos mais diversos contextos e interfaces. Um estilo de educomunicador requer: favorecer um ser pensante, capaz de apropriar-se do conhecimento e mobilizador; a apropriação do conhecimento teórico-prático e a criatividade; vivenciar o processo relacional, a participação, o trabalho em equipe, a gestão participativa. Então podemos afirmar que, mais do que técnicas, a Educomunicação é um estilo, um modo de ser e de atuar.

Referências bibliográficas

CITELLI, Adilson. *Palavras, meios de comunicação e educação.* São Paulo: Cortez, 2006.

CORAZZA, Helena. *Educomunicação*: caminhos e perspectivas na formação pastoral. A experiência do Serviço à Pastoral da Comunicação (Sepac). PPGCOM-USP, 2015.

FREIRE, Paulo. *Pedagogia da autonomia*: saberes necessários à prática educativa. 22. ed. Rio de Janeiro: Paz e Terra, 2002.

_____. *Extensão ou comunicação?* 6. ed. Rio de Janeiro: Paz e Terra, 1983.

MARTÍN-BARBERO, Jesús. *De los medios a las mediaciones*: comunicación, cultura y hegemonia. Barcelona: Gilli, 1987.

MORIN, Edgar. *A cabeça bem-feita*: repensar a reforma, reformar o pensamento. Rio de Janeiro: Bertrand Brasil, 2010.

7. COMUNICAÇÃO E EVANGELIZAÇÃO NA PANDEMIA[1]

Joana T. Puntel, fsp

O chão da nossa realidade

Impossível negar que a pandemia não nos tocou. A todos. Atingiu o mundo, o planeta chamado Terra. Tocou e continua incidindo na totalidade das áreas sociais, nas mais diversas dimensões, a área econômica, sanitária, educacional, as ciências de modo geral, desconsertando e intrigando, ocasionando prós e contras. Muita incerteza, muita esperança pelas descobertas, mas também a coexistência de desconfiança; grande esforço no impositivo do reinventar-se no trabalho, na procura de subsistência com todas as

---

[1] Publicado também na revista *Ponto de Encuentro*, 09 dez. 2020. Disponível em: www.alc.org.

suas consequências... Relações quebradas, relações aproximadas. Muitas mortes. O horror da dor. A luta por viver. A solidariedade sendo decantada, trazendo à tona a evidência da desigualdade se aprofundando.

Seguimos sendo tocados. A pandemia, infelizmente, não chegou ao fim. Proliferam atitudes de pretensa "derrubada", mas de grande equívoco. O certo é que estamos em uma travessia. A questão é *tomar consciência* do estado em que nos encontramos. Não significa ser negativista, mas realista. E pousar o olhar da esperança nos rumos de onde a "salvação" pode vir. E aqui cito o nosso grande antropólogo Edgar Morin, que, em uma entrevista recente concedida ao IHU,[2] disse que o que é realmente inédito nesta pandemia é a "impotência da ciência diante de um vírus desorientador, o caráter multidimensional da crise que atinge a vida de cada indivíduo, de todas as nações e do planeta inteiro. Há a sensação de que o mundo de amanhã não será mais como o conhecemos. [...] A vida é uma navegação em um oceano de incertezas, através de ilhas de certezas". E, assim, se faltar a consciência, a reflexão, a necessidade e ousadia de analisar fatos e comportamentos, na "navegação" "podemos ir rumo a uma desagregação ou experimentar uma forma de resiliência e sair regenerados, apenas se mudarmos de rumo". Ainda segundo Morin, "não conseguindo dar um sentido à pandemia, aprendamos com ela para o futuro".

---

[2] Disponível em: http://www.ihu.unisinos.br/78-noticias/603398-o--poder-da-incerteza-entrevista-com-edgar-morin-. Acesso em: 06 out. 2020.

Nesta travessia, o Papa Francisco[3] nos chama a atenção para o primado humano, em meio às complexidades que vivemos. Mais enfaticamente, após elencar as atitudes que configuram um "atentado contra a humanidade", ele afirma, na ONU: "Da crise não saímos iguais. Ou saímos melhores ou saímos piores [...]. De fato, é doloroso ver quantos direitos fundamentais continuam sendo violados com impunidade. A lista dessas violações é muito extensa e nos mostra a terrível imagem de uma humanidade violada, ferida, sem dignidade, liberdade e possibilidade de desenvolvimento".

Esse *atentado contra a humanidade* produz conflitos por toda parte, "crises humanitárias se transformaram no *status quo*, em que os direitos à vida, à liberdade e à segurança pessoal não estão garantidos".

De onde vem a força, neste chão da realidade?

Tal como no Sínodo dos Bispos sobre a *Evangelização no mundo contemporâneo* (*Evangelii Nuntiandi*), em 1974, os participantes se colocavam à escuta de um chamado para considerar os "tempos novos de evangelização", na realidade de então; hoje, no atual "chão da nossa realidade", há um novo chamado para a evangelização. A sermos construtores de esperança. Mas é preciso perguntar-nos:

[3] Disponível em: http://www.ihu.unisinos.br/78-noticias/603245-da-crise-nao-saimos-iguais-ou-saimos-melhores-ou-saimos-piores-afirma-papa-francisco-na-onu. Acesso em: 06 out. 2020.

O que é que é feito, em nossos dias, daquela energia escondida da Boa-Nova, suscetível de impressionar profundamente a consciência dos homens? Até que ponto e como é que essa força evangélica está em condições de transformar verdadeiramente o homem deste nosso século? Quais os métodos que hão de ser seguidos para proclamar o Evangelho, de modo a que a sua potência possa ser eficaz? [...] Após o Concílio e graças ao Concílio, que foi para ela uma hora de Deus nesta viragem da história, encontrar-se-á a Igreja mais apta para anunciar o Evangelho e para inseri-lo no coração dos homens, com convicção, liberdade de espírito e eficácia? (EN, n. 4).

Não estaríamos nós, particularmente na comunicação, diante de uma exigência mais transparente e convicta de que precisamos atingir e "modificar pela força do Evangelho os critérios de julgar, os valores que contam, os centros de interesse, as linhas de pensamento, as fontes inspiradoras e os modelos de vida da humanidade, que se apresentam em contraste com a Palavra de Deus"? (EN, 19).

O núcleo central e ponto de partida para a evangelização é sempre Jesus Cristo, que, como evangelizador, anuncia em primeiro lugar um reino, o Reino de Deus (EN, n. 10). O convite é para que as pessoas se transformem a partir de dentro e, assim, a própria humanidade tornar-se-á nova.

Em uma realidade missionária que deve levar em conta a abertura e o diálogo com as pessoas de hoje, o Papa Francisco, na *Evangelii Gaudium*, fala de uma opção missionária que transforme tudo: "Para que os costumes, os estilos, os horários, a linguagem e toda a estrutura eclesial se tornem um canal proporcionado mais à evangelização do mundo atual que à autopreservação" (EG, n. 27). É preciso "tentar expressar as verdades de sempre em uma linguagem que permita reconhecer a sua permanente novidade" (EG, n. 41). E começa por dizer que, nos cenários e desafios sempre novos da missão evangelizadora da Igreja, todos somos chamados a uma nova "saída" missionária.

Tomar consciência

Por que tomar consciência?

A principal *razão* se verifica no comportamento das pessoas, na cotidianidade. Vivemos de improviso, fomos tocados repentinamente e o vírus nos empurrou para "mudança de hábitos" em nossas vidas. E algo muito importante a ser levado em conta é que, diferentemente de outras pandemias, esta crise que vivemos, do século XXI, acontece em meio ao grande desenvolvimento tecnológico e midiático – é só lembrar que nas últimas décadas fomos já "envolvidos" pela tecnologia da internet, que nos trouxe as redes sociais em que a maioria de nós está presente. E, até podemos dizer, ressignificou conceitos e exigiu de nós uma nova forma de nos relacionarmos e nos comportarmos.

O convite é para tomarmos consciência do que vem se transformando em nós, no ambiente, nos nossos hábitos de vida e em nossas possíveis causas de resistência. Como diz o Cardeal Tolentino, recentemente em uma *live* sobre *Espiritualidade cristã em tempo de isolamento*: "O futuro chegou de supetão, o futuro chegou achando-nos despreparados.

Nenhum de nós sabe como lidar com esta situação. Sentimo-nos, todos, mais vulneráveis, mais precários".[4]

Construir gestos novos de humanização

No coração do que significa evangelizar, está a comunicação. Já na *Fratelli Tutti*, Francisco volta a nos lembrar: "Fazem falta gestos físicos, expressões do rosto, silêncios, linguagem corpórea e até o perfume, o tremor das mãos, o rubor, a transpiração, porque tudo isso fala e faz parte da comunicação humana" (FT, n. 43). Especialmente neste tempo de pandemia, a comunicação é convidada a: *revisitar, repensar, inovar, educar...* a sua ação de evangelização nas diferentes culturas, na cultura atual, com as mais variadas exigências. E, então, a necessidade de reinventar. Isso toca seus métodos, suas concepções, por exemplo, a respeito da cultura digital, na qual vivem as pessoas.

Refletindo, portanto, sobre comunicação e evangelização em tempos de pandemia, é preciso levar em consideração que temos e vivemos, pela primeira vez, uma crise em um mundo *integrado pela internet, pelas redes sociais*. E a Igreja, já em 2002, lançava um documento, *Igreja e internet*, decidida a entrar no Novo Milênio buscando desenvolver um diálogo com a nova cultura midiática que vive a

---

[4] CARDEAL TOLENTINO. *Tecendo redes*. Disponível em: https://www.youtube.com/watch?feature=youtu.be&v=8oQYr43YNlg&app=-desktop. Acesso em: 06 out. 2020.

sociedade contemporânea. E a Igreja avança empreendendo novos caminhos para a evangelização, traçando diretrizes renovadas que orientam suas pastorais eclesiais. Nesse documento, a Igreja reconhece as invenções da inteligência humana e está atenta à mudança de paradigmas, especialmente no que concerne ao caráter relacional das novas tecnologias e do ser humano. Uma reflexão inicial sobre a cultura digital. E lembramos aqui que João Paulo II já dizia, em 2002, que "a internet pode oferecer magníficas oportunidades de evangelização". É uma constante da Igreja chamar a atenção e incentivar a formação para a comunicação, por exemplo, aos líderes da Igreja, ao pessoal comprometido no campo da pastoral, aos educadores, aos pais e especialmente aos jovens.

Depois, o Papa Bento XVI, em 2013, dizia que "o ambiente digital não é um mundo paralelo ou puramente virtual, mas faz parte da realidade cotidiana de muitas pessoas", e, por isso, "se a Boa-Nova não for dada a conhecer também no ambiente digital, poderá ficar fora do alcance da experiência de muitos".

E o nosso atual Papa, Francisco, especialmente nas suas mensagens para o Dia Mundial das Comunicações Sociais, tem insistido, de várias maneiras, sobre o fato de que "a internet pode oferecer maiores possibilidades de encontro e de solidariedade entre todos; e isto é uma coisa boa, é um dom de Deus". Segundo ele, "a rede digital pode ser um lugar rico de humanidade: não uma rede de fios, mas de pessoas humanas".

O ensinamento do Magistério da Igreja é totalmente positivo quanto às redes sociais. E Francisco expressa que: "a rede é uma oportunidade para promover o encontro com os outros, mas pode também agravar o nosso autoisolamento, como uma teia de aranha capaz de capturar".

Só que estar nas redes vai além do simples "uso dos meios". Ali o ser humano se manifesta com sua personalidade, com suas emoções, com todo o seu ser. Por isso, a Igreja insiste na *educação para o digital*. Isto é tão importante que até o recente Diretório de Catequese, lançado recentemente em 25 de junho de 2020, chama a atenção para um olhar mais profundo sobre o contexto em que vivemos, porque daí emergem pontos que necessitam do cuidado da formação, inclusive catequética, a que a Igreja está chamada a viver. Entre esses pontos, cita especialmente a cultura digital. Acreditamos que só com a formação seremos capazes de devolver ao ser humano a consciência sobre suas ações no mundo digital.

Então, se pensamos na *comunicação e na evangelização nos tempos de pandemia*, como disse um amigo meu, pesquisador, há uma "redescoberta" por parte da Igreja, que, apesar de todas as orientações da Igreja, ela é pega praticamente de surpresa, de improviso no ambiente digital. E, apesar disso, estamos vendo, observando quantas iniciativas, criatividades, para possibilitar que as pessoas possam receber, interagir em meio ao isolamento. E aqui se destaca também a questão do "confinamento litúrgico". A Igreja surpreendeu-se e forçosamente (como diz um autor) precisou, rapidamente, ser criativa, ser presença e provocar presença nos fiéis, com a transmissão ao vivo das celebrações eucarísticas, devido ao fechamento das igrejas, ocasionado pela pandemia do coronavírus. Despertou-se a *Igreja doméstica*. Experiência inédita passar uma Semana Santa sem estar presente no "templo de pedras". Experiência que "jogou" a Igreja a viver e a comunicar-se com o povo no ambiente digital, para o qual muitos não estavam preparados.

O fato é que, com toda a riqueza que as transmissões digitais proporcionaram aos fiéis seguirem "ao vivo" as celebrações, é preciso refletir muito do ponto de vista litúrgico, sobretudo teologicamente, sobre o presencial. Não esquecendo que "tudo o que é transmitido ao vivo, geralmente, fica disponível em rede para poder ser assistido novamente depois" (MS). Entretanto, com a celebração eucarística, pela sua fundamentação teológica, "não existe *replay* da missa".

Naturalmente que, em situação "emergencial", a Igreja procura dar uma resposta, mas a questão é mais profunda: a Igreja é convocada a olhar para a raiz, para sua identidade, no desenvolvimento de sua missão de evangelizar. Continuar a missão de Jesus, nesta pandemia, significa (somos convocados):

- *Reinventar, inovar, educar* para viver o ressignificado de novas relações, consigo mesmo, na família, nas comunidades, no trabalho... se reconfigurando com o *home office*... E aqui o reinventar, *inovar* a nossa *produção* no mundo digital, a partir da *observação* das problemáticas que surgem e das atitudes que se modificam com essa pandemia. E isso vai além de novas atitudes de higienização (importantíssimas!), mas insuficientes para a evangelização. Nossa produção, para estar no mundo digital, deve ser evangelizar para que o ser humano viva uma nova realidade de sentir-se interligado uns aos outros de maneira que a fraternidade e a solidariedade não fiquem canceladas pelo isolamento. Portanto, não é simplesmente noticiar, mas é envolver as pessoas em uma nova humanização. Uma nova humanização que perpassa a educação – uma comunicação das relações humanas e evangélicas. Isso passa pelos novos métodos, pelo esvaziamento de nós mesmos para poder obter uma mudança de mentalidade. Quais são os critérios? Não é a produtividade baseada unicamente no profissionalismo, no número de *likes*, no mercado, mas os critérios do Reino de Deus.

O *inovar* é ser convocado para uma evangelização *mais profética*, que toca temas candentes na sociedade, pois é preciso falar não o que irá agradar as pessoas, mas sim o que elas precisam ouvir. O que emerge dessa realidade de pandemia? A solidão, a dor, a fraternidade, o perdão, a compaixão, a morte, a cidadania, as políticas públicas, a ética, dar-nos conta de que estamos vivendo um novo *éthos*... uma nova forma de trabalhar, um senso crítico sobre as novas formas de consumo, a atenção à dimensão espiritual do ser humano, tendo sempre presente a pergunta: diante da situação que vivemos, como podemos estar, nos mover nas redes sociais? Consideração e sensibilidade pela dor, pela exclusão, pelas injustiças com nosso povo. É comum ouvir a expressão "a volta à normalidade"... esta não pode ser a volta aos mesmos vícios, aos mesmos comportamentos de violência, de reforçamento de desigualdade... A evangelização profética precisa descobrir, refletir e alimentar esperança, solidariedade, porque somos construtores de esperança na comunicação. Diz o Papa Francisco: "Precisamos de ternura. O mundo da mídia tem de se preocupar com a humanidade. [...] O mundo digital pode ser um ambiente rico em humanidade, uma rede não só de fios, mas de pessoas". É um chamado para produzir conteúdos, para usar métodos que, nos diversos campos (inclusive da educação), levem as pessoas a uma *nova humanização*.

Então, sim, poderemos sair melhores da pandemia, se a comunicação for mais comprometida com a centralidade de Jesus Cristo, que liberta e cura, do que com o mercado como fim último. Somos chamados a ser construtores de um novo humanismo, considerando o ambiente digital também como novo espaço de evangelização, como "portais de verdade e de fé" (Bento XVI, 47º Dia Mundial das Comunicações, 2013). E sentiremos, sim, a alegria de perceber que Deus "renova a face da terra todos os dias".

II Parte

SEMINÁRIO DE COMUNICAÇÃO SETEMBRO DE 2019

APRESENTAÇÃO

Diante dos avanços tecnológicos e de certo tecnicismo existente na sociedade contemporânea, a reflexão sobre a temática do humano na comunicação é de extrema atualidade. Ela chama o ser humano a ver-se, sentir-se e pensar-se como um ser em comunicação nesta sociedade marcada pela comunicação mediada, sobretudo, pelas redes sociais, onde o ser humano dedica, talvez, mais tempo para estar nas redes do que para olhar nos olhos do seu semelhante, escutar sua voz e necessidades, mobilizar-se em favor do outro.

Atento e inserido nas mudanças culturais, sociais e tecnológicas, o Serviço à Pastoral da Comunicação (Sepac) realizou um Seminário com o tema "O humano na dinâmica da comunicação", e socializa as palestras no intuito de contribuir e provocar o debate em meios acadêmicos, grupos de estudo e interessados.

Os conteúdos são preparados por pesquisadores da área da comunicação, que debateram, neste seminário, de forma interdisciplinar, questões que envolvem o ser humano em suas relações neste contexto. Muitas são as perguntas que se fazem: "Estamos cada vez mais dependentes da tecnologia?". "Há possibilidade de a técnica contribuir para a humanização?" "Há possibilidade de construir um 'humanismo integral digital' que inspire as pessoas a promoverem um desenvolvimento humano, no respeito à sua dignidade e do semelhante, no diálogo, no consenso, na ação comunicativa, no processo de interação social?"

É importante situar-se neste contexto do digital e compreender que existem novas narrativas, novos modos de perceber, expressar, relatar as realidades. O magistério da Igreja traz ampla orientação sobre como situar-se nesta nova ambiência criada pela internet. As mensagens para o Dia Mundial das Comunicações Sociais, de 2009 a 2013 (Bento XVI), orientam para as novas relações criadas pelas "novas tecnologias", incentivando o cultivo de valores como o respeito, o diálogo, a amizade, a autenticidade de vida na era digital. Estes espaços são também novos espaços para a evangelização.

E o Papa Francisco encaminha a comunicação como "cultura do encontro", priorizando o ser humano no relacionamento, seja pessoal, seja à distância, por meio das tecnologias. Tendo em conta que estamos na rede, Ele traz a comunicação para o sentido autêntico como encontro entre as pessoas e o mundo criado. Tudo está interligado. Essa temática toca o âmago do ser humano que nasceu em comunicação, para o diálogo e o entendimento para habitar as redes, "cuidar da Casa comum", respeitando os princípios éticos, e continuar o cuidado da Criação, a fim de que esteja a serviço do ser humano, do seu crescimento integral em relação com o criado. Além do claro incentivo de Francisco para a cultura do encontro por meio de suas mensagens, grandes desafios se colocam também para a Igreja em situar o ser humano, teológica e eticamente, no desenvolvimento das novas tecnologias, como a inteligência artificial e outros novos avanços. Trata-se de uma ética que precisa ser revisitada, mas, como afirma o magistério da Igreja, é preciso sempre ter em conta o primado do ser humano.

A comunicação, então, deve levar ao diálogo com as tecnologias, a ciência, as expressões religiosas, e tem a missão de unir, congregar, construir pontes em favor de grandes causas que desafiam a humanidade neste Terceiro Milênio. O diálogo favorece a cultura do encontro como um estilo de vida nas relações presenciais e pelas redes, um encontro verdadeiro, que alcance as periferias existências e do pensamento.

O caminho passa, sem dúvida alguma, por uma educação para a comunicação. Educar para a autonomia e a cidadania, que leva a compreender as mudanças culturais, sociais e tecnológicas que nos afetam e tocam a humanidade na dimensão antropológica, social, eclesial, tecnológica da cultura digital contemporânea. E o ser humano, enquanto sujeito do processo, é interpelado a ações comunicativas de intervenção no ambiente onde vive e atua, em uma conexão que coloca a comunicação a serviço da vida e da solidariedade humana.

Helena Corazza, fsp
Diretora do Sepac

1. O HUMANO NA DINÂMICA DA COMUNICAÇÃO: POR UM HUMANISMO INTEGRAL[1]

Moisés Sbardelotto[*]

Introdução

Com o desenvolvimento da internet e do ambiente digital, as pessoas, hoje, encontram novas formas de relação e de interação, sem fronteiras de espaço e sem limites de tempo. As últimas décadas têm sido marcadas por uma reviravolta comunicacional, uma verdadeira "revolução

---

[1] Seminário realizado pelo Sepac em outubro de 2020.

[*] Mestre e doutor em Ciências da Comunicação pela Universidade do Vale do Rio dos Sinos (Unisinos), na linha de pesquisa Midiatização e Processos Sociais, com estágio doutoral (bolsa PDSE/Capes) na Università di Roma "La Sapienza", na Itália. Possui graduação em Comunicação Social – Jornalismo pela Universidade Federal do Rio Grande do Sul (UFRGS). Tem experiência na área de Comunicação, com ênfase na interface mídia e religião. E-mail: m.sbar@yahoo.com.br.

digital", que afeta o modo como o ser humano vive, pensa, age e se relaciona com os outros e com o mundo.

Uma prova disso são os dados do relatório *The Global State of Digital in 2019*,[2] que revela a existência de 215,2 milhões de linhas telefônicas de celular apenas no Brasil, em comparação com uma população total de 211,6 milhões de brasileiros – o equivalente a 102% da população brasileira que possui uma linha de celular ativa. Ou seja, existem mais celulares do que brasileiros no país. O relatório aponta ainda que a penetração da internet no tecido social brasileiro é de 70% (com 149,1 milhões de usuários de internet no país).

Mas o que chama a atenção é o tempo dedicado ao uso de internet: a média do tempo gasto pelos brasileiros na internet, em qualquer dispositivo, é de 9h29min (quase a metade do dia). O Brasil também é o segundo país do mundo, entre os analisados pelo relatório, que mais passa tempo em redes sociais digitais (3h34min), perdendo apenas para as Filipinas (a média mundial, por sua vez, é de 2h16min).

Diante disso, é relevante refletir sobre o significado e o valor do humano em meio a essas dinâmicas da comunicação contemporânea. Percebe-se, principalmente, um processo de "midiamorfose do humano", ou seja, uma metamorfose, uma transformação, uma meta(re)organização daquilo que caracteriza o ser humano e a humanidade a partir de práticas, dinâmicas e lógicas midiáticas (SBARDELOTTO,

---

[2] Disponível em: <https://hootsuite.com/resources/digital-in-2019>. Acesso em: 25 out. 2019.

2012). E isso traz consequências para o "modo de ler e conhecer a realidade e a própria pessoa humana", como afirma Bento XVI (2009, n. 73), em sua encíclica *Caritas in veritate*. Nesse sentido, torna-se necessária a reflexão sobre a relação do ambiente digital principalmente com a "dimensão ético-cultural da globalização e do desenvolvimento solidário dos povos", como pede o Papa emérito, pois "o sentido e a finalidade dos meios de comunicação devem ser buscados no fundamento antropológico".

Para que o ambiente digital possa se tornar uma ocasião de humanização, não basta apenas fomentar o desenvolvimento tecnológico e maiores possibilidades de comunicação e de informação. Também, e sobretudo, como continua Bento XVI, é preciso contribuir para organizar e orientar a experiência humana em rede, "à luz de uma imagem da pessoa e do bem comum que traduza os seus valores universais [...] centrados na promoção da dignidade das pessoas e dos povos" (Bento XVI, 2009, n. 73).

Neste artigo, a partir de releituras do magistério eclesial e de estudos sobre o digital, queremos propor uma reflexão sobre o humano na dinâmica da comunicação contemporânea, em suas luzes e sombras. Primeiramente, retomamos uma conferência proferida por Neil Postman em 2000, quando abordou justamente a questão do humanismo em uma sociedade marcada fortemente pela comunicação midiática. Relemos suas considerações a partir do ambiente digital, repropondo seus questionamentos e proposições a partir desse contexto.

Em seguida, recorrendo ao magistério pontifício recente, e atualizando-o em relação aos desafios da comunicação contemporânea, propomos a noção de "humanismo integral digital". Não se trata de um conceito pronto e de uma análise acabada, mas sim de uma perspectiva de ação e reflexão – a ser ainda mais aprofundada e elaborada – proposta como provocação para um agir humano em rede ético e responsável.

E, por fim, como conclusão, especificamente a partir do pensamento do Papa Francisco e do seu convite a construir uma "cultura do encontro", indicamos cinco princípios de tal humanismo. Estes podem inspirar e guiar os usos e as práticas pessoais em rede, na busca do encontro com o "outro" e da construção de relações verdadeiramente humanas, humanizadas e humanizantes.

O humanismo da ecologia dos meios

No ano 2000, Neil Postman (1931-2003), um dos grandes nomes dos estudos da "ecologia dos meios" (*media ecology*) e então professor da Universidade de Nova York, onde criou o primeiro programa dedicado a tais pesquisas, proferiu a conferência de abertura da primeira convenção da *Media Ecology Association*. A conferência intitulava-se "O humanismo da ecologia dos meios". Trata-se, portanto, de uma reflexão que nos auxilia muito a pensar o humano na dinâmica da comunicação hoje.

Segundo Postman, a ideia de uma "ecologia" dos meios aponta para a "*interação* entre os meios e os seres humanos [que] dá à cultura o seu caráter" (2000, p. 11, grifo e tradução nossos). A ideia é conscientizar sobre o fato de que os seres humanos vivem em dois tipos diferentes de ambientes: um é o ambiente natural, que consiste em elementos como o ar, a água, a terra, as árvores, as montanhas etc. O outro é o ambiente midiático, que consiste em linguagens, imagens, símbolos, técnicas, tecnologias, maquinários, "que fazem com que sejamos quem somos" (Postman, 2000, p. 11, tradução nossa). O interesse de fundo é compreender as *consequências humanistas ou anti-humanistas* (ou seja, relacionadas ao humano) dessa nova ecologia na qual as pessoas, as sociedades e as culturas vivem e crescem. Isto é, estudar os meios "dentro de um contexto moral e ético" (Postman, 2000, p. 11, tradução nossa).

Entretanto, reconhece Postman, há muitas diferenças naquilo que cada um considera como bom ou mau em relação a tais consequências. Por outro lado, o fator tempo precisa ser levado em consideração, pois algumas consequências inicialmente negativas de uma dada conjuntura midiática podem se revelar, ao longo do tempo, como positivas (ou vice-versa). Mas, mesmo diante desses pressupostos, é relevante avaliar o que a ecologia midiática fomenta (ou enfraquece) aquilo que caracteriza o humano em um dado contexto.

Para isso, o autor levanta quatro questões a fim de ajudar a refletir sobre os aspectos humanísticos a serem levados em consideração, para entender o ambiente midiático e, portanto, o progresso humano na ecologia dos meios. Aqui, retomamos essas quatro questões, modificando a ordem em que foram apresentadas pelo autor e atualizando-as para o ambiente digital, o qual permeia os processos comunicacionais contemporâneos. Buscamos, assim, oferecer alguns elementos não tanto de resposta a tais perguntas, mas sim como perspectivas que auxiliem a problematizá-las e a complexificá-las ainda mais, no sentido de fomentar a própria reflexão, e não tanto a "satisfação mental" de se ter respostas prontas.

Desenvolvimento de um pensamento racional

Nesta releitura da conferência de Postman que aqui propomos para o ambiente digital, a primeira pergunta, portanto, é: *até que ponto o digital contribui com os usos e o desenvolvimento de um pensamento racional?*

Segundo Postman, o pensamento racional é um dos maiores dons da humanidade, e, por conseguinte, todo meio que o encoraja deve ser louvado e altamente valorizado (e o contrário também é verdadeiro). O autor dá o exemplo da relação da imprensa com o racionalismo, ou seja, o fomento do pensamento abstrato e de valores como a liberdade religiosa e a liberdade de expressão a partir da linguagem escrita e da disseminação de livros.

O meio digital, por sua vez, entendido como ambiente amplo e complexo em que a vida humana e social se desenvolve, apresenta características que também podem ser avaliadas a partir da perspectiva do desenvolvimento do pensamento racional. Desde o surgimento da internet, apostou-se, por exemplo, na sua potencialidade de promover o conhecimento. Pierre Levy foi um dos grandes proponentes do conceito de "inteligência coletiva", fomentada pela conectividade digital, isto é, "uma inteligência distribuída por toda parte, incessantemente valorizada, coordenada em tempo real, que resulta em uma mobilização efetiva das competências" (2003, p. 28). Isso é possível, pois o ambiente digital é habitado não apenas por pessoas e tecnologias, mas também pelos saberes humanos que nele circulam. Trata-se, portanto, de uma inteligência distribuída entre as pessoas, e não restrita a poucos privilegiados.

Entretanto, por outro lado, é importante levar em consideração que vivemos um período histórico de "rapidação", como afirma Francisco na *Laudato si'*. Ou seja, a "contínua aceleração das mudanças na humanidade e no planeta" se soma "à intensificação dos ritmos de vida e trabalho" (FRANCISCO, 2015a, n. 18). Contudo, essa velocidade e essa mudança rápida e constante, continua o Papa, "não estão necessariamente orientadas para o bem comum e para um desenvolvimento humano sustentável e integral".

Tomemos como exemplo aquilo que ocorre na internet em 60 segundos, de acordo com Lori Lewis e Chadd Callahan.[3] Nos dados levantados sobre o início de 2019, os autores afirmam, entre outras coisas, que, em um

---

[3] De acordo com o infográfico produzido pelos autores e disponível em: <https://bit.ly/2BNAnMp>.

minuto, 188 milhões de e-mails são enviados; 3,8 milhões de buscas são feitas no Google; 4,5 milhões de vídeos são assistidos no YouTube, 87.500 pessoas estão tuitando no Twitter; 41,6 milhões de mensagens são enviadas no Messenger do Facebook e no WhatsApp; e – um dado que parece paradoxal – 694.444 horas são assistidas no Netflix. Ou seja, o ambiente digital hoje é marcado por uma exponenciação de informações produzidas e por uma concentração de tempo em cada vez menos tempo – tudo deve ser instantâneo, imediato.

O risco disso é aquilo que o Papa Francisco denuncia também na *Laudato si'*, quando afirma que as dinâmicas do mundo digital, ao se tornarem onipresentes, "não favorecem o desenvolvimento de uma capacidade de *viver com sabedoria, pensar em profundidade*" (2015a, n. 47, grifo nosso). Segundo o Papa, em um contexto tão marcado pela velocidade, "os grandes sábios do passado correriam o risco de ver sufocada a sua sabedoria no meio do ruído dispersivo da informação" (FRANCISCO, 2015a, n. 47).

Portanto, há aí um paradoxo, em que, por um lado, temos acesso a inúmeras fontes de informação, em crescimento exponencial – o que pode contribuir para o aprofundamento do conhecimento humano. Contudo, por outro lado, isso nos é oferecido em uma velocidade avassaladora, em que não existe tempo suficiente para elaborar, organizar, confrontar, discernir, digerir, ruminar tantas informações. Já o conhecimento "reclama a reflexão crítica de cada um sobre o ato mesmo de conhecer. Só aprende verdadeiramente aquele que se apropria do aprendido, transformando-o em apreendido" (FREIRE, 2006, p. 27).

O desafio é precisamente como conciliar informação e tempo, como desenvolver um pensamento racional em um período histórico em que temos uma *hiperinformação* disponível em uma *supervelocidade*, pois a sabedoria é "fruto da reflexão, do diálogo e do encontro generoso entre as pessoas", e não de "uma mera acumulação de dados, que, em uma espécie de poluição mental, acabam por saturar e confundir" (FRANCISCO, 2015a, n. 47).

Informações significativas

Nessa linha de reflexão, passemos à segunda pergunta nesta releitura da conferência de Postman: *até que ponto o digital nos dá acesso a informações significativas?*

As preocupações do autor, ao abordar essa temática, envolvem, por exemplo, o histórico problema da escassez informacional. Ele cita o exemplo de que, até o início do século XIX, a informação viajava no máximo tão rapidamente quanto um trem, algo em torno de 60 km/h, pelo menos até o surgimento do telégrafo. Para ele, o desafio sempre foi produzir mais informações, para mais pessoas, de modo mais rápido e em formas diversas. Isso fez com que a preocupação se concentrasse no maquinário necessário, na eficiência dos processos, deixando de lado a "significância" ou a "utilidade" das informações a serem transmitidas. Ou seja, para Postman, a questão central é produzir informações *significativas*.

Segundo o autor, falando no contexto dos anos 2000, "a velocidade, o volume, a variedade das informações disponíveis serve como uma distração e um déficit moral", revelando que os esforços dos últimos 170 anos, na verdade, "transformaram a informação em uma forma de lixo [*garbage*]" (POSTMAN, 2000, p. 14, tradução nossa).

Além disso, de acordo com o autor, o avanço tecnológico levou a humanidade a pensar que os sérios problemas sociais do nosso tempo seriam resolvidos, única e simplesmente, se tivéssemos cada vez mais informações. Mas os problemas sociais que persistem não se devem apenas à insuficiência de informação. Suas soluções se encontram em outros lugares, em outros âmbitos.

Hoje, é possível dizer até que o excesso de informações pode ser, inclusive, *gerador de (novos) problemas*. Analisemos alguns aspectos do processo eleitoral de 2018, por exemplo. A Universidade de São Paulo (USP) e a Universidade Federal de Minas Gerais (UFMG), em parceria com a Agência Lupa, especializada em checagem de fatos, realizaram uma análise das 50 imagens mais compartilhadas em 347 grupos de WhatsApp durante o primeiro turno das eleições de 2018. A conclusão foi de que somente quatro eram verdadeiras (apenas 8% do total).[4] Esse é um exemplo de que, ao contrário de informações significativas, o ambiente digital – como o WhatsApp, caracterizado ainda por conversas criptografadas muito mais difíceis de serem monitoradas – pode

---

[4] O relatório completo está disponível em: <https://bit.ly/2PBRqJM>.

ser um catalisador e disseminador de desinformação, boatos e mentiras.

O fenômeno dos *memes*, que buscam comunicar algo em apenas uma imagem/texto simples e direta, acaba promovendo uma simplificação da complexidade da vida real, deixando de lado suas nuances, sutilezas, diversidades, heterogeneidades. E, muitas vezes, seu envio é alimentado por robôs (os chamados *bots*) e sistemas automatizados, que fomentam uma estratégia de disseminação piramidal e em rede, e isso acaba "poluindo" todo o contexto informacional, dentro e fora das redes.

Do lado de quem recebe, especialmente quando em grupo, há muitas vezes a tendência de silenciamento da discordância ou do desmentido em relação a uma dada informação – seja por opção, para evitar o confronto, seja pela reação massiva dos demais, que impedem a manifestação de quem tem uma opinião divergente. Amplia-se, assim, a "espiral do silêncio", ou seja, aquela tendência de omitir a própria opinião quando esta é conflitante com a opinião dominante, devido ao medo do isolamento, da crítica, da zombaria, do impasse, reforçando o senso comum, mesmo quando falso ou mentiroso.

Tudo isso é alimentado também pelas chamadas "bolhas informacionais", em que, seja por opção, seja por imposição dos algoritmos que comandam e gerenciam as plataformas sociodigitais, as pessoas passam a consumir apenas "mais do(s) mesmo(s)". Um mundo informacional sob medida. É aquilo que Eli Pariser (2012) chama de "filtros-bolha", isto é, filtros que permitem ao usuário o acesso somente àquilo que lhe é relevante, de acordo com seu histórico pessoal de navegação na internet e com aquilo que os algoritmos das plataformas consideram relevante a partir das preferências pessoais, daquilo que nelas se faz e dos modos pessoais de usá-las.

Trata-se, em princípio, de algo benéfico, na intenção de "separar o joio do trigo" no gigantesco universo de informações que compõem o ambiente digital – supostamente, as plataformas buscam nos oferecer aquelas informações que mais se enquadram com os nossos interesses. Os algoritmos dos sistemas de busca na internet, por exemplo, apresentam resultados específicos para cada usuário específico, a partir do seu histórico pessoal de navegação – e cada outro usuário encontrará resultados completamente diferentes a partir de uma mesma busca. Contudo, ao mesmo tempo, isso impede o acesso a conteúdos que sejam desafiadores e até contestadores das opiniões, gostos, interesses ou desejos pessoais.

Em seu livro, Pariser cita como epígrafe uma frase de Mark Zuckerberg, fundador do Facebook, segundo o qual "a morte de um esquilo na frente da sua casa pode ser mais relevante para os seus interesses imediatos do que a morte de pessoas na África". Isso revela muito sobre a dimensão problemática de tais filtros.

O resultado disso é que cada pessoa passa a estar cada vez mais fechada em uma "bolha" própria – o que é extremamente prejudicial para a vida pessoal, para a convivência social e para a própria cidadania e democracia. Afinal, as informações ajudam a enquadrar, a perceber, a "moldar o mundo" em que vivemos, em todos os sentidos. Como afirma Francisco, porém, "o funcionamento de muitas plataformas acaba frequentemente por favorecer o encontro entre pessoas com as mesmas ideias, dificultando o confronto entre as diferenças" (2019a, n. 89). E isso é empobrecedor para a própria construção de comunidade, cultura, sociedade. Assim como, na dieta biológica, é prejudicial passar o dia inteiro comendo apenas um tipo de nutriente (ou, pior, apenas *junk food*), assim também na "dieta midiática" é preciso ter uma grande variedade de fontes de informação (e informação de qualidade), que favoreça o confronto de ideias e opiniões, levando a novas percepções, aprendizagens, sínteses e à verdadeira construção de conhecimento.

Para além da qualidade da informação que consumimos, há ainda a questão da *assimetria informacional* experimentada em relação às plataformas e aplicativos: sabemos muito pouco sobre as empresas que sabem muito de nós. A "caixa-preta" dos algoritmos se torna cada vez mais hermética, embora fique cada vez mais claro que existe uma constante vigilância e monitoramento sobre o que fazemos ou deixamos de fazer em rede, na busca de "datificar" – isto é, transformar em dados rentáveis às empresas – toda a nossa experiência digital pessoal.

Se tudo o que fazemos na internet gera rastros (nossos dados pessoais, páginas que visitamos, comentários que escrevemos, curtidas que fazemos etc.), todo rastro, por sua vez, é passível de monetização por parte das empresas que gerenciam os sites, as plataformas e os aplicativos por onde circulamos em rede. Os rastros que deixamos em rede – gratuitamente – ajudam essas empresas a construir bancos de dados gigantescos (o chamado *big data*) a partir dos perfis pessoais dos usuários, que têm um enorme valor financeiro. Segundo Pariser, trata-se de uma verdadeira estratégia de negócios de tais empresas, pois, quanto mais personalizadas forem as ofertas de informações (naquilo que se chama de "perfilização" ou "personalização"), mais anúncios elas poderão vender para outras empresas interessadas em oferecer produtos específicos para públicos específicos.

No fundo, como aponta Pariser (2012), trata-se de uma "barganha": em troca do serviço de filtragem, que facilita a nossa vida em rede, entregamos às empresas uma enorme quantidade de dados sobre a nossa vida cotidiana, dados muitas vezes íntimos, que não compartilharíamos com ninguém. E, como diz o ditado, "se você não está pagando pelo produto, *você é o produto*". Sinal disso é a capa da revista *The Economist*, do dia 6 de maio de 2017, que traz a imagem de plataformas de petróleo que exibem os logotipos de grandes empresas de informação e comunicação, como Google, Amazon, Apple, Facebook, Microsoft. A manchete esclarece o uso dessa metáfora: "O recurso mais valioso do mundo: os dados e as novas regras de competição".

Segundo a reportagem, os dados já ultrapassaram o petróleo e são a nova *commodity* que está gerando uma indústria lucrativa e de rápido crescimento. É a chamada "mineração de dados", por meio da qual as empresas produzem esses grandes conjuntos de dados sobre as pessoas, que são armazenados, processados e até vendidos por essas empresas, gerando um mercado muito lucrativo. A revista informa, por exemplo, que a Amazon captura metade de todos os dólares gastos na internet nos Estados Unidos. Já o Google e o Facebook foram responsáveis por quase todo o crescimento da receita de publicidade digital no país em 2016.

Por trás dessas cifras, está a chamada "economia da atenção", por meio da qual as empresas de informação e comunicação buscam atrair o máximo possível da atenção e consumir o máximo possível do tempo de seus usuários, para extrair o máximo possível de dados e informações sobre eles. Isso já chegou a tal nível que a revista *Superinteressante*, de outubro de 2019, traz como manchete: "Smartphone: o novo cigarro". A reportagem informa que 4 bilhões de pessoas no mundo inteiro já têm um celular e o tiram do bolso, em média, mais de duzentas vezes por dia. Isso porque essas tecnologias são programadas, a partir de várias estratégias, a manter o nosso cérebro ocupado e focado apenas e exclusivamente na tela, gerando, inclusive, problemas de saúde física e psicológica, como ansiedade, depressão e a chamada "nomofobia", o medo irracional de ficar sem o celular ou ficar impossibilitado de usá-lo por algum motivo (como ficar sem sinal ou sem bateria).

As plataformas das redes sociais digitais também são pensadas para agir de modo *centrípeto*, isto é, para evitar que o usuário saia desse ambiente específico rumo a outros sites ou plataformas. Ou seja, se historicamente a ideia da conectividade e dos *links* era justamente a de dar liberdade ao usuário para "navegar" livremente pelo "mar digital", desbravando as informações, hoje cada plataforma busca manter o usuário "preso" em seu interior e, mesmo ao clicar nos *links* disponíveis, tudo é realizado dentro da própria plataforma.

Desenvolvimento de processos democráticos

Uma terceira questão levantada por Postman e relida aqui a partir do ambiente digital diz: *até que ponto o digital contribui com o desenvolvimento de processos democráticos?*

Segundo o autor, a questão é saber se os meios ajudam a manter um equilíbrio entre um senso de coesão social e de individualidade, pois ambos são necessários para a democracia. No Brasil, de modo especial, os últimos tempos revelaram inúmeros aspectos dessa relação. Primeiramente, tivemos ainda em 2013 as chamadas "Manifestações de junho", em que o ambiente digital tornou-se espaço de contestação e mobilização política. Naquele momento, os estudantes saíam às ruas com cartazes com frases como: "Saímos do Facebook", "Somos a rede social", revelando a forte inter-relação entre redes e ruas.

Nesse sentido, como verdadeira "praça pública" contemporânea, a internet favorece o diálogo e o encontro sociais, além de um acesso facilitado e ubíquo às informações. O mundo digital, portanto, como afirma o Papa Francisco, pode ser "um contexto de participação sociopolítica e de cidadania ativa, podendo facilitar a circulação de uma informação independente capaz de tutelar eficazmente as pessoas mais vulneráveis, revelando as violações dos seus direitos" (2019a, n. 87).

Entretanto, no Brasil, no processo eleitoral de 2018, tivemos a explicitação do outro lado dessa moeda, com o fenômeno da disseminação das chamadas "*fake news*" e da desinformação generalizada, especialmente em grupos de WhatsApp. Houve, inclusive, uma inversão em relação a anos anteriores, pois, desta vez, o candidato com o maior espaço midiático no Horário Eleitoral Gratuito em rádio e TV (um verdadeiro "latifúndio" em termos de tempo) foi um dos últimos colocados no total de votos recebidos.

Segundo Wilson Gomes (2018), o período eleitoral brasileiro de 2018 revelou que a condição de superabundância da informação, da conexão e da participação política não se estendeu até à democracia. Ao contrário, a hiperinformação parece ter-se revelado como o ambiente propício para o desenvolvimento daquilo que Gomes chama de "hipodemocracia". Mas isso se revela como um paradoxo, pois o ideal democrático sempre envolveu cidadãos capazes de formar opiniões e de tomar decisões baseadas em informações atualizadas e completas. Portanto, quanto mais informação de qualidade, melhores deveriam ser o exercício da cidadania e o regime democrático. Hoje, contudo, embora haja uma diversidade de fontes de informação e uma facilidade de acesso a elas, temos a emergência também de fenômenos preocupantes, que minam a convivência social, cidadã e democrática.

> Há informação "de qualidade" disponível, mas o consumo de informação intencionalmente forjada e a distribuição de desinformação nunca teve o alcance atual. Há diversidade de fontes, mas o fenômeno das bolhas de interações sociais (ou câmaras de eco), em que a homogeneidade é claramente preferida à heterogeneidade, converte-se no fenômeno das bolhas informativas. [...] Assim, ambientes sociais homogêneos atuando como filtro do consumo de informação convertem, de novo, abundância em escassez. E, por fim, temos a radicalização decorrente da valorização das afinidades, uma vez que grupos em que as posições não são sistematicamente desafiadas tendem a reforçar, justamente, as ideias mais radicais dentre aquelas que nos representam. [...] a superabundância de informação demonstra não ser capaz, por si só, de garantir um cidadão bem informado (GOMES, 2018, s/p).

Aliás, a sobrecarga informacional e cognitiva, que permeia todos esses processos, muitas vezes também é utilizada até como estratégia política. Geram-se, assim, dois resultados muito prejudiciais ao processo democrático:

- *confusão*, que leva ao conformismo, indiferença, inércia, passividade, apatia, distração, amnésia (não apenas em relação ao passado, mas até ao próprio presente) e, consequentemente, a menos participação social ("Está tudo mal e não há nada a fazer"); e, em decorrência disso,

- *medo*, que surge a partir de uma percepção negativa dos outros e do mundo, como um ambiente perigoso, inseguro, incerto e que leva, consequentemente, a fenômenos como a intolerância, o ódio e a violência.

Em suma, há enormes interesses econômicos e políticos que operam no mundo digital, "capazes de realizar formas de controle que são tão sutis quanto invasivas, criando mecanismos de manipulação das consciências e do processo democrático" (FRANCISCO, 2019a, n. 89).

Senso moral e capacidade de bondade

A pergunta final de Postman, atualizada para o ambiente digital, questiona: até que ponto o digital aumenta ou diminui o nosso senso moral, a nossa capacidade de bondade?

Postman reconhece que essa pergunta pode ser até irrespondível e não é de interesse das pessoas orientadas exclusivamente aos aspectos tecnológicos dos processos midiáticos. Entretanto, argumenta o autor, trata-se de uma interrogação que se volta particularmente à problematização do próprio avanço científico e tecnológico, em um momento em que se dissemina a crença de que toda inovação tecnológica é igual a progresso humano.

A preocupação de fundo de Postman é com o bem moral e ético do ser humano em sua relação com todo o desenvolvimento tecnológico. Tomando o século XX como exemplo, o autor reconhece que foi um século que apresentou os maiores avanços em termos tecnológicos do que em toda a história anterior. No entanto, foi esse mesmo século que revelou o maior número de assassinatos e mortes alimentadas por disputas ideológicas, como no caso do Fascismo e do Nazismo, que "reduziram o significado do espírito humano" (POSTMAN, 2000, p. 15, tradução nossa). Portanto, defende Postman, não podemos cair em uma "ingenuidade tecnológica".

Segundo o autor, faz parte da natureza humana amar e proteger, mas também odiar e matar. Diante disso, questiona ele, qual aspecto está sendo fomentado ou suprimido pelo avanço tecnológico? "Há alguma conexão entre a nossa obsessão pela tecnologia e a nossa capacidade de crescimento moral?" (POSTMAN, 2000, p. 16, tradução nossa). O desafio é evitar posicionamentos tanto "fanáticos" quanto "neutralistas" em relação à tecnologia, e tomar posição diante das perspectivas morais que se apresentam.

No caso digital, especificamente, o cenário também é muito complexo. O Papa Francisco nos ajuda nessa avaliação. Por um lado, o ambiente digital pode ajudar

> a sentir-nos mais próximos uns dos outros; a fazer-nos perceber um renovado sentido de unidade da família humana, que impele à solidariedade e a um compromisso sério para uma vida mais digna. [...] Particularmente a internet pode oferecer maiores possibilidades de encontro e de solidariedade entre todos; e isto é uma coisa boa, é um dom de Deus. [...] A rede digital pode ser um lugar rico de humanidade: não uma rede de fios, mas de pessoas humanas (FRANCISCO, 2014, s/p).

O Papa reconhece as redes sociais digitais, por exemplo, como uma oportunidade extraordinária de diálogo, encontro e intercâmbio entre as pessoas, e de acesso à informação e ao saber. E também como um contexto de participação sociopolítica e de cidadania ativa, como vimos.

Para alcançar esses fins, ganha relevância o papel de cada pessoa em sua relação com a rede e com as demais pessoas conectadas em rede. Ou seja, trata-se de uma tomada de posição moral e ética por parte de quem habita o ambiente digital, a fim de torná-lo mais humano. Ainda segundo Francisco,

> se a rede for usada como prolongamento ou expectativa de tal encontro, então não atraiçoa a si mesma e permanece um recurso para a comunhão. Se uma família utiliza a rede para estar mais conectada, para depois se encontrar à mesa e olhar-se olhos nos olhos, então é um recurso. [...] Se a rede é uma oportunidade para me aproximar de casos e experiências de bondade ou de sofrimento distantes fisicamente de mim, para rezar juntos e, juntos, buscar o bem na descoberta daquilo que nos une, então é um recurso (FRANCISCO, 2019b, s/p).

Mas, para entender o fenômeno digital em sua totalidade, é preciso reconhecer que ele possui, como toda realidade humana, limites, falhas e deficiências. Nesse sentido, o Papa é bastante crítico em sua abordagem, ao apontar para o ambiente digital também como "um território de solidão, manipulação, exploração e violência, até ao caso extremo da *dark web*" (2019a, n. 88). Francisco cita ainda o risco de dependência, isolamento e perda progressiva de contato com a realidade concreta, dificultando o desenvolvimento de relações interpessoais; as novas formas de violência através das redes sociais digitais, como o *ciberbullying*, a difusão de pornografia e a exploração de pessoas para fins sexuais ou através de jogos de azar.

As bolhas informacionais, por sua vez, podem gerar também "bolhas sociais", acabando por isolar as pessoas e provocando fenômenos como a indiferença, a intolerância e o ódio, como no caso dos chamados *trolls*[5] e *haters*.[6] Com isso, afirma Francisco, "as relações *on-line* podem tornar-se desumanas" (2019a, n. 90), ao impedir de ver a vulnerabilidade do outro, dificultar a reflexão pessoal e ignorar a dignidade humana.

Tudo isso pode ocorrer, inclusive, dentro da própria Igreja. É o que o Papa denuncia ao afirmar que até mesmo os cristãos, muitas vezes, fazem parte de "redes de violência verbal através da internet e vários fóruns ou espaços de intercâmbio digital" (FRANCISCO, 2018a, n. 150). Segundo ele, "mesmo nas mídias católicas, é possível ultrapassar os limites, tolerando-se a difamação e a calúnia e parecendo

---

[5] Conforme a Wikipédia, pessoas cujo comportamento tende sistematicamente a desestabilizar uma discussão e a provocar e enfurecer as pessoas nela envolvidas. Disponível em: <https://bit.ly/2MExxkw>. Acesso em 25 out. 2019.

[6] Conforme a Wikipédia, pessoas "odientas", que postam comentários de ódio ou crítica, agressivos ou ofensivos. Disponível em: <https://bit.ly/35YAToF>. Acesso em 25 out. 2019.

excluir qualquer ética e respeito pela fama alheia" (FRANCISCO, 2018a, n. 150).

Outra problemática é que as pessoas que, pelas mais diversas razões, não têm acesso ao ambiente digital, muitas vezes, correm o risco de ficar excluídas da vida social e cultural. Trata-se da chamada "brecha" ou "exclusão" digital, que acaba deixando de lado os povos originários, os idosos, os pobres, os não alfabetizados e escolarizados, dentre outros, que são excluídos da vivência social, cidadã e democrática, em sentido amplo.

Portanto, é preciso reconhecer que, embora as redes sociais digitais contribuam para uma maior conexão entre as pessoas, "fazendo-nos encontrar e ajudar uns aos outros, por outro, prestam-se também a um uso manipulador dos dados pessoais, visando obter vantagens no plano político ou econômico, sem o devido respeito pela pessoa e seus direitos" (FRANCISCO, 2019, s/p). Além disso, "na *social web*, muitas vezes a identidade funda-se na contraposição ao outro, à pessoa estranha ao grupo: define-se mais a partir daquilo que divide do que daquilo que une, dando espaço à suspeita e à explosão de todo o tipo de preconceito (étnico, sexual, religioso, e outros)", continua o Papa. E essa tendência exclui toda e qualquer diferença e heterogeneidade, alimentando no ambiente digital "um individualismo desenfreado, acabando às vezes por fomentar espirais de ódio. E, assim, aquela que deveria ser uma janela aberta para o mundo, torna-se uma vitrine onde se exibe o próprio narcisismo", conclui Francisco.

Por um humanismo integral digital

Diante dessa realidade complexa, pensar o humano na dinâmica da comunicação é pensá-lo a partir de tantos desafios, limites e possibilidades apresentados pelo ambiente digital. Mas, ao mesmo tempo, é pensá-lo resgatando valores que estão presentes ao longo da história da humanidade, que contribuem para que o humano seja cada vez mais humano, respeitado e reverenciado em sua dignidade. Como dizia Santo Ambrósio, *"nova semper quaerere et parta custodire"*, ou seja, é preciso buscar sempre as coisas novas (como as lógicas e dinâmicas digitais) e conservar as coisas do passado (como os valores humanos e éticos).

Primeiramente, para entender o significado do humano, é importante retomar o pensamento do Papa São Paulo VI, que já falava sobre isso na encíclica *Populorum progressio* sobre o desenvolvimento dos povos, em 1967. Naquele documento, o Papa convidava a um "humanismo total". E se perguntava: "Que vem ele a ser senão o desenvolvimento integral *do homem todo e de todos os homens*? [...] Humanismo exclusivo é humanismo desumano" (PP, n. 42). O Papa também falava de um "humanismo novo", por meio do qual se pode realizar em plenitude "o verdadeiro desenvolvimento, que é, para todos e para cada um, *a passagem de condições menos humanas a condições mais humanas*" (PP, n. 20, grifo nosso) – e incluía entre estas últimas, por exemplo, o "alargamento dos conhecimentos, a aquisição da cultura [...] a consideração crescente da dignidade dos outros [...] a cooperação no bem comum, a vontade da paz" (PP, n. 21).

É esse humanismo integral – total e novo/renovado –, como proposto por Paulo VI, que propomos resgatar também em relação ao ambiente digital. Um "humanismo integral digital" que inspire as pessoas a promoverem, a partir das contribuições positivas das dinâmicas e lógicas digitais, o desenvolvimento do ser humano como um todo, no respeito à sua dignidade e consciência pessoais, e de todos os seres humanos, sem discriminação nem exclusão, na busca do bem comum.

Por isso, hoje, quando o humano se transforma a partir das dinâmicas comunicacionais que emergem no ambiente digital, é relevante reproblematizar e levar às últimas consequências um dos conceitos centrais para a própria cultura digital: a ideia de *rede*.

Para entender uma rede é preciso analisá-la como tal, ou seja, é preciso se afastar de outras construções teóricas mais hierarquizadas, por exemplo, as listas, como modelo mais linear; ou as árvores ou construções arquitetônicas, como modelo mais hierárquico. Diferentemente de um edifício, em que, retirada alguma parte de seus fundamentos, tudo desmorona, a rede é uma "teia dinâmica de eventos inter-relacionados", de "relações [...], de concepções e de modelos, na qual não há fundamentos" (CAPRA, 2006, p. 48). Retirada ou acrescentada qualquer conexão, a estrutura da rede se auto-organiza. "Nenhuma das propriedades de qualquer parte dessa teia é fundamental; todas elas resultam das propriedades das outras partes, e a consistência global de suas inter-relações determina a estrutura de toda a teia" (CAPRA, 2006, p. 48).

Portanto, em rede, o que há são *relações*. O ambiente digital amplifica, contemporaneamente, aquela condição humana de um "ser de relação em um mundo de relações", razão pela qual "o mundo humano é um mundo de comunicação" (FREIRE, 2006, p. 65). O humanismo integral digital busca precisamente construir um "nós" coletivo, complexo, diverso, heterogêneo, relacional, e não apenas um somatório de "eus". Trata-se de promover um estilo próprio de presença e convivência no ambiente digital, que se traduz "em uma forma de comunicação *honesta e aberta, responsável e respeitadora do outro*" (BENTO XVI, 2011, s/p, grifo nosso).

Nesse sentido, também é relevante reproblematizar e levar às últimas consequências outro conceito central para a própria cultura digital, a partir da leitura de Postman: a ideia de "ecologia comunicacional", ou seja, um modo de pensar e agir na "casa comum" (*oikos*; daí *oikos-logos*, "ecologia", estudo/compreensão da casa comum), que leve em conta as suas inter-relações. Assim também hoje, na cultura digital, é preciso compreender os sistemas de comunicação em sua complexidade – social, tecnológica, simbólica –, como ambientes onde as próprias culturas crescem e se desenvolvem, como ambientes propriamente relacionais e, portanto, comunicacionais.

Como afirma Francisco, ao se falar de ambiente digital, "já não se trata apenas de 'usar' instrumentos de comunicação, mas de viver em uma cultura amplamente digitalizada que tem impactos muito profundos na noção de tempo e espaço, na percepção de si mesmo, dos outros e do mundo" (2019a, n. 86). Podemos "usar" uma enxada – que, depois de usada, pode ser deixada de lado. Mas, ao contrário, "habitamos" as redes e as plataformas digitais, nas quais construímos a nossa identidade pessoal, as nossas relações interpessoais e até a própria organização social em que vivemos.

A própria distinção entre o *on-line* e o *off-line* já se tornou quase impossível hoje, a ponto de podermos falar até de *"on-life"* (FLORIDI, 2009), de um novo paradigma das experiências humanas em uma realidade hiperconectada que transcende a dicotomia entre estar "dentro" ou "fora" das redes. Vivemos vidas marcadas cada vez mais por uma natureza *conectada*, *híbrida* entre o *on-line* e o *off-line*, entre o humano e o tecnológico.

É o que Francisco também afirma, ao falar da relação entre natureza e sociedade:

> Quando falamos de "meio ambiente", fazemos referência também a uma particular relação: a relação entre a natureza e a sociedade que a habita. Isto nos impede de considerar a natureza *como algo separado de nós ou como uma mera moldura da nossa vida. Estamos incluídos nela, somos parte dela e compenetramo-nos* (*Laudato si'*, n. 139, grifo nosso).

Vale o mesmo para a "natureza digital", formada pelas *relações* entre a tecnocultura e a sociedade que a habita.

Essa "natureza digital" – com suas tecnologias, maquinários, símbolos, códigos, linguagens, protocolos – não está separada da nossa própria humanidade contemporânea, mas a constitui e a molda. Nas palavras de Bento XVI, "as redes sociais são o fruto da interação humana, mas, por sua vez, *dão formas novas* às dinâmicas da comunicação que cria relações" (2013, s/p, grifo nosso).

Essas dinâmicas envolvem tanto elementos *não humanos* (como as tecnologias, propriamente ditas) quanto, principalmente, "*outros humanos*", com os quais se constroem relações. Mas a relação fundamental, dentro da perspectiva do humanismo integral digital que aqui defendemos, é justamente com o "outro humano", a construção de *relações humanas* em rede. E nisso as próprias tecnologias e mídias digitais têm muito a contribuir, quando acionadas como "facilitadoras ou realçadoras de redes *humanas*" (DIJCK, 2013, p. 11, tradução nossa).

Nesse sentido,

> quando o pensamento cristão reivindica, para o ser humano, um valor peculiar acima das outras criaturas, suscita a valorização de cada pessoa humana e, assim, *estimula o reconhecimento do outro. A abertura a um "tu" capaz de conhecer, amar e dialogar continua a ser a grande nobreza da pessoa humana* (FRANCISCO, 2015a, n. 119, grifo nosso).

Francisco reitera essa perspectiva ao resgatar o texto bíblico, para reforçar o valor do reconhecimento de que "somos membros uns dos outros" (Efésios 4,25), e ao convidar a tomar "consciência da responsabilidade que temos uns para com os outros" (Francisco, 2019, s/p). E, citando São Basílio, um dos grandes Padres da Igreja que viveu no século I, o Papa afirma que "nada é tão específico da nossa natureza como *entrar em relação uns com os outros*" (Francisco, 2019, s/p, grifo nosso).

Segundo Francisco, hoje, a rede é uma oportunidade para promover o encontro com o outro. Dentro da perspectiva do humanismo integral digital, esse encontro e essa relação são fundamentais, pois *"para ser eu mesmo, preciso do outro*. Só sou verdadeiramente humano, verdadeiramente pessoal, se me relacionar com os outros" (FRANCISCO, 2019, s/p, grifo nosso).

Concluindo para começar

À guisa de conclusão, podemos retomar ainda alguns lampejos do pensamento de Francisco, que podem nos inspirar na busca e na construção conjunta desse propósito de humanização das relações em rede, que aqui chamamos de humanismo integral digital. O Papa convida insistentemente a construir uma "cultura do encontro", pois "não podemos viver sozinhos, fechados em nós mesmos. Precisamos amar e ser amados. Precisamos de ternura" (FRANCISCO, 2014, s/p). E a rede digital, nesse sentido, pode ser "um lugar rico de humanidade: não uma rede de fios, mas de pessoas humanas" (FRANCISCO, 2014, s/p).

Para ajudar nesse propósito, "pinçamos" algumas frases que consideramos fundamentais de suas mensagens para o Dia Mundial das Comunicações Sociais, ao longo do seu papado. Elas podem ser lidas como "máximas" que ajudam a guiar o modo como somos e agimos em rede, na busca de ajudar na construção de uma cultura mais humana, mais humanizada e mais humanizante.

Estes seriam, portanto, os cinco "princípios" daquilo que chamamos de "humanismo integral digital", a partir do que o Papa Francisco pede não apenas aos cristão-católicos, como também a cada pessoa que age e interage no ambiente digital:

1. *Comunicar-se com todos, sem exclusão* (mensagem de 2015);
2. *Praticar o acolhimento e a escuta* (mensagem de 2016);
3. *Harmonizar as diferenças* (mensagem de 2014);
4. *Responsabilizar-se pelo "outro"* (mensagem de 2019);
5. *Comunicar a paz, como serviço especialmente aos que não têm voz* (mensagem de 2018).

Com esses "princípios", temos um primeiro passo para a promoção de relações em rede mais humanas, mais humanizadas e mais humanizantes, pautadas pelo respeito à dignidade e à consciência de cada pessoa humana e pelo bem comum de toda a humanidade. O desafio, portanto, está lançado.

2. NOVAS NARRATIVAS: O HUMANO NA DINÂMICA DA COMUNICAÇÃO[1]

Joana T. Puntel, fsp[*]

A centralidade (ou não) do ser humano na evolução/dinâmica da comunicação, na contemporaneidade, leva-nos a perguntas como: estamos cada vez mais dependentes da tecnologia? Estaríamos vivendo uma "deslocalização" do ser humano, cada vez mais "tecnologizado"? Há possibilidade de a técnica contribuir para a humanização?

Nossa consideração sobre o humano na dinâmica da comunicação, depois de uma descrição abundante e bem pontual, focada na temática proposta para o Seminário, aborda *dois pontos* que observamos como relevantes (um

---

[1] Seminário de Comunicação – SEPAC, setembro de 2019.
[*] Joana T. Puntel é doutora em Ciências da Comunicação (USP). Foi debatedora na mesa-redonda, falando logo depois da conferência de Moisés Sbardelotto.

"chamado"!) para uma reflexão atual, embora sem respostas conclusivas, apesar de sua exigência em um mundo sempre mais tecnologizado e, por isso, com desafios crescentes: novas narrativas e o pensamento/reflexão da Igreja.

1. Situamo-nos dentro de um contexto de novas narrativas, próprias de nossa época, século XXI, em que as "narrativas" são novas, por vezes confusas, modificadas. Entendemos "narrativas", aqui, a partir de uma noção ampla que o pesquisador George Gerbner compreende como "contar histórias". A palavra narrativa, então, "se refere a todas as histórias que contamos [...] Mas contar uma história, mais do que simplesmente relatar um fato, é uma operação complexa [...] está ligado a um sentido de compartilhar algo com outras pessoas. Dividir o que vivemos, compartilhar experiências e vivências [...]" (MARTINO; MARQUES, 2018, p. 45). De acordo com Manuel Castells: "A presença na rede ou a ausência dela e a dinâmica de cada rede em relação às outras são fontes cruciais de dominação e transformação de nossa sociedade [são narrativas]" (CASTELLS, 2000, p. 565). Naturalmente que as narrativas têm uma ligação, são manifestações, expressões de grupos e indivíduos que a narram. Portanto, segundo Martino e Marques, toda narrativa traz as marcas do contexto em que é produzida (MARTINO; MARQUES, 2018, p. 45). Nós narramos com base no que sabemos, isto é, nós narramos (nos relacionamos: dizemos, expressamos, partilhamos, aceitamos, rejeitamos) vinculados "diretamente às condições que temos de conhecer a realidade. E tais condições formam, em nossa mente, o

jeito como entendemos o mundo e o explicamos aos outros" (MARTINO; MARQUES, 2018, p. 45). Por isso que as narrativas mudam, se transformam. Por exemplo:

> Em algum momento, milhares de anos atrás, alguém muito parecido com a gente resolveu contar para todo mundo como tinha sido a caçada naquele dia e pintou sua experiência na parede de uma caverna. Mais ou menos como fazemos hoje ao postar coisas em redes sociais. A diferença é que os detalhes de nossa vida cotidiana não devem sobreviver por muito tempo no espaço digital, ao contrário das pinturas rupestres. Desde então não paramos de contar histórias, de deixar registrado para o presente e para o futuro o que acontece conosco (Martino; Marques, 2018, p. 44).

Ao admitir que vivemos um contexto de "novas narrativas" (e que estas se modificam, se transformam conforme mudam os contextos), os autores Luis Sá Martino e Angela Marques enfatizam que, "em épocas de conexões virtuais imediatas, economia global e tecnologia sem limites", vale a pergunta: *o que é ser alguém?*[2] [...] e, talvez pareça ser ingênuo ou desnecessário". Segundo esses autores, é preciso retomar essa questão, justamente porque vivemos em um tempo conturbado em que as conexões virtuais, a economia, a política mundiais e, especialmente, os avanços, as dinâmicas das tecnologias de comunicação... colocam o ser humano diante de novos desafios de convivência, de repensamento de conceitos, de novas

---

[2] O grifo é nosso.

narrativas em todos os campos antropológico, sociológico, religioso (cf. MARTINO; MARQUES, 2018, p. 31). E, para essa convivência existir, parece importante voltar à questão de "o que é ser alguém".

A pergunta pode parecer óbvia e, pela sua aparente simplicidade, também nos enganar. Entretanto, "várias ações do nosso cotidiano dependem de como respondemos a essa pergunta: o que é ser alguém?" (Martino; Marques, 2018, p. 32).

Certamente, isso tem a ver com a noção de "pessoa" (não a única!) para definir o ser humano. No cotidiano, há concorrência na definição de pessoa, "carregadas de sentidos que levam a outras interpretações *do que é ser alguém*". Vivemos mesmo sem refletir e "damos por descontado" (*to take for granted!*). Vejamos, por exemplo, o que os autores já citados nos dizem:

> Para a Publicidade, você é um *target* a ser atingido; para a Receita Federal, um *contribuinte* a ser tributado; em algumas empresas, você é um *recurso* a ser administrado; perante a Constituição, um *cidadão* com direitos e deveres; para qualquer loja, um *cliente* a atender; para o mercado, um *consumidor*.
> E uma série de números – RG, CPF, senhas e registros em bancos de dados. Misturando em uma frase só, os filósofos Vilém Flusser e Pierre-Joseph Proudhon, e, completando com Raul Seixas, ser alguém é também ser codificado, conectado, plugado, mapeado, digitalizado, twittado, blogado, perfilado, guardado em bits, pixelizado e significado, se quiser existir (Martino; Marques, 2018, p. 32-33).

Mesmo que "o que é ser alguém" passe pelo conceito de pessoa que varia, também, com as épocas,[3] aqui abraçamos o que o pensador francês e antropólogo Edgar Morin propõe: "Que o humano seja compreendido além de sua dimensão racional, mas também em termos afetivos, emocionais, sensíveis e até mesmo insanos – ao lado do *Homo Sapiens* aparece o *Homo demens*" (citado em MARTINO; MARQUES, 2018, p. 36).

A grande relevância que se coloca, a esta altura, sobre a pergunta "o que é ser alguém?", é que a sua narrativa brota das suas ações do cotidiano, situadas em determinado contexto, e vão revelar *seus valores*, suas crenças e critérios éticos tanto nas ações mais simples tanto quanto nas grandes decisões da vida. Pensemos, então, que "tanto as grandes quanto as pequenas decisões são orientadas por *valores*, isto é, por critérios usados para julgar o que se deve fazer e avaliar os resultados das ações realizadas".[4]

---

[3] O conceito de "pessoa" segundo as diferentes épocas não será objeto de nossa consideração neste texto, mas pode ser encontrado, brevemente, nos autores MARTINO, Luís M. Sá; MARQUES, Angela C. S. *Ética, mídia e comunicação*: relações sociais em um mundo conectado. São Paulo: Summus Editorial, 2018. pp. 34-36.

[4] Dizem os autores Martino e Marques que "falar em valores pode parecer ingênuo, anacrônico ou até mesmo de um moralismo fora de lugar no mundo contemporâneo. As disputas de poder, seja na política, nas organizações ou mesmo na família, os jogos de interesse nos quais tudo é feito com segundas intenções, o individualismo e a competitividade do hipercapitalismo parecem não deixar espaço para que se fale de valores ou ética" (Martino; Marques, 2018, p. 53).

Mas quais são os valores que orientam suas escolhas? Pensemos no mundo digital. Muita coisa não depende de nós, mas *muito*, na comunicação em geral, pode ter a nossa participação com os nossos valores presentes. Desenvolver o senso crítico, parafraseando Yuval Noah Harari, que, em recente Conferência em São Paulo, ao falar sobre o contexto atual, sobretudo da informação, disse que é preciso formar para analisar as fontes, ou seja, formar (educar!) para a análise (senso crítico).

2. Um segundo ponto: o ser humano, na dinâmica da comunicação atual, passa por uma revolução inédita, mais precisamente a revolução digital (quarta revolução), cujas características principais são a velocidade e o desenvolvimento das tecnologias de modo acelerado e vertiginoso. Levantam-se, então, desafios para a humanidade atual e o seu futuro. A rapidez com que os processos tecnológicos avançam e a sua aplicação já são realidades em todos os setores da vida, desde os sistemas econômico-financeiro às empresas de pesquisa; desde a informação à educação; da saúde à família. A questão aqui não é somente sobre as modalidades de desenvolvimento das diversas atividades humanas, mas é o que *envolve* também, "modificando profundamente o seu sentido (o das atividades humanas), a consciência pessoal e as relações inter-humanas", diz o teólogo italiano Giannino Piana.[5]

---

[5] Disponível em: http://www.ihu.unisinos.br/78-noticias/581458-inteligencia-artificial-e-pos-humanismo-artigo-de-giannino-piana, 03 Agosto 2018. Acesso em: 26 fev. 2019.

A Igreja, na pessoa do Papa Francisco, ao receber em audiência os participantes da plenária da *Pontifícia Academia para a Vida*, reunidos em Roma para refletir sobre o tema "Roboética. Pessoas, máquinas e saúde", saúda "os extraordinários recursos" que são postos à disposição da humanidade pela pesquisa científica e tecnológica. Mas adverte: "A atual evolução da capacidade técnica produz um encantamento perigoso: ao invés de entregar à vida humana os instrumentos que melhoram o seu cuidado, corre-se o risco de entregar a vida à lógica dos dispositivos que decidem o seu valor". E, ainda, que "a Igreja é chamada a relançar vigorosamente o humanismo da vida que surge da paixão de Deus pela criatura humana".[6]

Ainda, na carta *Humana Communitas*, que enviou à Pontifícia Academia para a Vida, por ocasião do seu 25º aniversário, referindo-se às tecnologias, Francisco afirma:

> Uma ulterior frente sobre a qual é necessário refletir é a das novas tecnologias hoje definidas "emergentes e convergentes". Elas incluem as tecnologias da informação e da comunicação, as biotecnologias, as nanotecnologias, a robótica. Recorrendo aos resultados obtidos pela física, pela genética e pelas neurociências, assim como à capacidade de cálculo de máquinas cada vez mais potentes, hoje é possível intervir muito profundamente na matéria viva. Também o corpo humano é suscetível de tais intervenções que podem modificar

---

[6] Disponível em: http://w2.vatican.va/content/francesco/pt/letters/2019/documents/papa-francesco_20190106_lettera-accademia-vita.html. Acesso em: 26 fev. 2019.

não só as suas funções e prestações, como até as suas modalidades de relação, no plano pessoal e social, expondo-o cada vez mais às lógicas de mercado. Portanto, antes de tudo é preciso compreender as transformações epocais que se anunciam nestas novas fronteiras, para identificar como orientá-las a serviço da pessoa humana, respeitando e promovendo a sua intrínseca dignidade.[7]

Discorrendo sobre o assunto e não negando as funções efetivas que o desenvolvimento das novas tecnologias oferecem, baseadas, por exemplo, em Inteligência Artificial, Francisco diz que há "o risco de o ser humano ser tecnologizado em vez de a técnica ser humanizada"; já é possível ver isso agora, quando "a '*máquinas inteligentes*' são apressadamente atribuídas capacidades que são propriamente humanas". O Papa chama a atenção para a necessidade de "compreender melhor o que significam, nesse contexto, a inteligência, a consciência, a emotividade, a intencionalidade afetiva e a autonomia do agir moral".

Francisco reconhece as extraordinárias potencialidades das novas descobertas que poderão irradiar os seus benefícios para cada pessoa e para a humanidade inteira. E diz que o primeiro passo é começar a compreender a tecnologia não como uma força "estranha e hostil" ao ser humano, mas como "produto da sua engenhosidade, através do qual ele supre as exigências do viver para si e para os

---

[7] Disponível em: http://w2.vatican.va/content/francesco/pt/letters/2019/documents/papa-francesco_20190106_lettera-accademia-vita.html. Acesso em: 26 fev. 2019.

outros". A tecnologia deveria aparecer como "uma modalidade especificamente humana de habitar o mundo", sublinha o pontífice.[8]

O Papa Francisco sugere também a existência de um "dramático paradoxo": "Precisamente quando a humanidade possui as capacidades científicas e técnicas para obter um bem-estar igualmente difundido, de acordo com o mandato de Deus, observamos um acirramento dos conflitos e um crescimento das desigualdades". Ele afirma que, por um lado o desenvolvimento tecnológico "nos permitiu resolver problemas até poucos anos atrás intransponíveis", mas, por outro, emergem "dificuldades e ameaças às vezes mais insidiosas do que as anteriores". E continua:

> O "poder-fazer" corre o risco de obscurecer quem faz e por que se faz. O *sistema tecnocrático* baseado no critério da eficiência não responde às interrogações mais profundas que o ser humano se faz; e se, por um lado, não é possível abrir mão dos seus recursos, por outro, ele impõe a sua lógica a quem os usa.[9]

Nesta conjuntura de preocupações, de discussões sobre "o ser humano na dinâmica da comunicação", é importante registrar que, além de a *Academia Pro Vida* levar adiante a reflexão, a discussão sobre a temática, no início deste ano

---

[8] Disponível em: http://www.ihu.unisinos.br/586976-papa-hoje-existe-o-risco-de-dar-vida-a-logica-das-maquinas-e-dos-dispositivos. Acesso em: 26 fev. 2019.

[9] Ibid.

(2019), e diante do rápido desenvolvimento das novas tecnologias baseadas em Inteligência Artificial, a Comissão dos Episcopados da Comunidade Europeia (Comece) publicou a reflexão *Robotização da vida: ética em vista de novos desafios*,[10] na qual reafirma o primado da pessoa humana na relação entre pessoas humanas e robôs.

Enquanto a discussão sobre Inteligência artificial está em andamento (Europa), o Grupo Europeu de Ética em Ciência e Novas Tecnologias publicou o primeiro esboço das *Diretrizes deontológicas para uma Inteligência Artificial digna de confiança*, a Comece, então, analisou os impactos da *robotização* na pessoa humana e na sociedade como um todo e elaborou sua reflexão como um passo ético que pode moldar a vida comunitária na nossa sociedade complexa e globalizada, na qual os atores estão cada vez mais interconectados.

Concluindo

Os dois pontos focalizados ao longo deste pequeno artigo se colocam como provocações para que se continue a aprofundar e refletir sobre as novas narrativas que nos envolvem, e que estão continuamente modificando nossas relações em várias dimensões de nossa cotidianidade. Por isso, sempre atual a pergunta: "O que é ser alguém?".

---

[10] Disponível em: http://www.ihu.unisinos.br/586489-bispos-europeus--publicam-reflexao-sobre-a-robotizacao-da-vida, 11 fev. 2019. Acesso em: 1 mar. 2019.

O pensamento da Igreja, expresso na pessoa do Papa Francisco, e o incentivo para que se busque entender e refletir sobre a lógica por trás dos avanços tecnológicos que nos surpreendem frequentemente, é o de reafirmar o primado do humano, com base no reconhecimento da dignidade humana de cada pessoa. Seja na consideração da Inteligência Artificial, seja da robotização, entram aspectos éticos com necessidade de serem revisitados, talvez repensados. Afirma Francisco que "os dispositivos artificiais que simulam capacidades humanas, na realidade, são desprovidos de qualidade humana". E acrescenta: "É preciso levar isso em conta para orientar a regulamentação do seu emprego, e a própria pesquisa, em direção a uma interação construtiva e justa entre os seres humanos e as mais recentes versões de máquinas", que se difundem visivelmente no mundo e estão transformando o cenário da existência humana.

Ainda, na encíclica *Laudato Si'* (2015), Francisco adverte que: "A inteligência artificial, robótica e outras inovações tecnológicas devem ser usadas a fim de contribuir para o serviço da humanidade e para a proteção de nossa Casa comum, e não para o exato oposto, como, infelizmente, preveem algumas estimativas. A dignidade inerente de todo ser humano deve estar firmemente colocada no centro de nossa reflexão e ação".[11]

---

[11] Carta encíclica *Laudato si'*: sobre o cuidado da casa comum. *Vatican.va*, Cidade do Vaticano, 24 maio 2015. Disponível em: <https://bit.ly/1Lhax37>. Acesso em: 25 out. 2019.

Para a Igreja, não se trata de condenar, mas de "compreender melhor o que significam, nesse contexto, a inteligência, a consciência, a emotividade, a intencionalidade afetiva e a autonomia do agir moral".[12]

Referências bibliográficas

CASTELLS, M. *A sociedade em rede*: a era da informação: economia, sociedade e cultura. São Paulo: Paz e Terra, 2000.

FRANCISCO. Disponível em: http://www.ihu.unisinos.br/586976-papa-hoje-existe-o-risco-de-dar-vida-a-logica-das-maquinas-e-dos-dispositivos. Acesso em: 26 fev. 2019.

_____. Carta encíclica *Laudato si'*: sobre o cuidado da casa comum. *Vatican.va*, Cidade do Vaticano, 24 maio 2015. Disponível em: <https://bit.ly/1Lhax37>. Acesso em: 25 out. 2019.

INSTITUTO HUMANITAS UNISINOS. 11 fev. 2019. Disponível em: http://www.ihu.unisinos.br/586489-bispos-europeus-publicam-reflexao-sobre-a-robotizacao-da-vida. Acesso em: 1 mar. 2019

MARTINO, Luís M. S.; MARQUES, Ângela C. S. *Ética, mídia e comunicação*. São Paulo: Summus Editorial, 2018.

---

[12] Disponível em: http://www.ihu.unisinos.br/586976-papa-hoje-existe-o-risco-de-dar-vida-a-logica-das-maquinas-e-dos-dispositivos. Acesso em: 26 fev. 2019.

VATICAN.VA. *Humana Communitas*. Disponível em: http://w2.vatican.va/content/francesco/pt/letters/2019/documents/papa-francesco_20190106_lettera-accademia-vita.html. Acesso em: 26 fev. 2019.

3. O HUMANO NA DINÂMICA DA COMUNICAÇÃO: O CONVITE DA EDUCOMUNICAÇÃO

Ismar de Oliveira Soares[*]

Os elementos humanos do processo comunicativo

O tema sobre *O humano na dinâmica da comunicação* remete-nos a uma reflexão sobre os modos como o assunto vem sendo trabalhado por teóricos da Europa e da América Latina, que discutem a relação entre os sujeitos sociais e os contextos civilizatórios que envolvem as práticas comunicativas, incluindo o emprego dos recursos disponibilizados pelos avanços tecnológicos, a partir principalmente da consolidação do digital, via internet.

---

[*] Professor titular da ECA/USP. Presidente da ABPEducom – Associação Brasileira de Pesquisadores e Profissionais da Educomuicação (www.abpeducom.og.br).

Esta última abordagem é um dos caminhos que estão na ordem do dia, pois, a cada nova invenção, a terra estremece, colocando-nos em ansiedade e ampliando nossas dúvidas. No momento, paradoxalmente, é o próprio autor de livros como *Galáxia da internet* (2003) e *A sociedade em rede* (2009) – o sociólogo espanhol Manuel Castells – quem, em tom de perplexidade, reconhece, em 2019, que a ética está perdendo o controle dos processos comunicativos digitais, ao afirmar: "Estamos vivendo na *Era da informação desinformada*".[1]

Retornaremos ao assunto no final do *paper*. Antes, contudo, pretendemos focar os olhos sobre o próprio homem, como "ser em comunicação". Optamos, para tanto, por quatro pensadores, cujas reflexões estão centradas justamente no elemento humano do processo comunicativo, a saber: Martin BUBER (1878 -1965), que introduz o tema do *Inter-humano*; Jürgen HABERMAS (1929), que apresenta a perspectiva da *Ação Comunicativa*; David BOHM (1917-1992), com sua *Pedagogia do Diálogo* e, finalmente, Paulo FREIRE (1921-1997), que preconiza a *Comunicação Dialógica*. Para eles, antes de perguntarmo-nos sobre os aparelhos, precisamos analisar o fator humano como responsável primeiro pela funcionalidade/disfuncionalidade das relações comunicativas contemporâneas.

Como opção metodológica, e levando em conta o espaço permitido por um artigo introdutório ao tema,

---

[1] Ver nota de rodapé n. 3 deste artigo.

abordaremos o fator humano a partir de um olhar panorâmico sobre como o conceito de diálogo é trabalhado pelos referidos autores.

Buber: o homem como um aprendiz de relações

Para o filósofo austríaco Martin Buber (BUBER, 1977 e 2005; BORGES, 2011), a vocação de todo homem é a de constituir-se como um ser aberto naturalmente ao diálogo, vivendo a síntese do que ele denominou de "inter-humano". Segundo esta concepção, o indivíduo passa a ser um "fato da existência" só na medida em que ele próprio se coloca em uma relação viva com outros. Nessa condição, a verdade assume, para ele, uma dimensão quase corpórea, pois o homem se comunica com o outro naquilo que ele é e não simplesme no que ele diz (ou omite).

Nesse sentido, para Buber, a questão da comunicação não diz respeito simplesmente à ampliação das possibilidades de produção/veiculação de conteúdos, ou à sua rapidez, mas essencialmente à própria vivência das mensagens. Entendia ele que precisamos, antes de tudo, resgatar o homem como um ente de relações, como um aprendiz de relações, como um propositor de relações, como um ser em diálogo.

Em tal contexto, o pensador – em tempos de Guerra Fria – combatia a antinomia imposta pelos grandes sistemas que disputavam a regência do mundo nos meados do século XX: o embate entre o individualismo capitalista e o coletivismo socialista: os dois impondo o mesmo silêncio, em meio ao ruído ensurdecedor das lutas ideológicas que caracterizaram o período. Afirmava que o individualismo é anti-humano, pois é solidão total. Já o coletivismo sem humanidade é solidão em grupo. Na verdade, nenhum dos dois alcança a totalidade. O individualismo vê o homem em relação consigo mesmo, e o coletivismo nem mesmo vê o homem, pois vê apenas a sociedade.

Sendo assim, com todas as tecnologias disponíveis, podemos estar vivendo, ainda hoje, de pura solidão, tal como nunca ocorrera antes na história da humanidade. É a partir do vazio da solidão que nos apoderamos dos novos recursos da comunicação, sabotando as tecnologias ao colocá-la a serviço de nossas próprias loucuras.

Habermas: por uma ação comunicativa

Se para Buber o homem é vocacionado a se comunicar com o outro naquilo que ele é e não simplesmente no que ele diz, para o alemão Jürgen Habermas, este mesmo homem está impelido a buscar consensos. É nesse sentido que o autor alemão aborda o diálogo como uma meta civilizatória, propondo que a racionalidade que rege as relações interpessoais, sociais e políticas se transforme em uma "ação comunicativa" (HABERMAS, 1997; SILVA; GASPARIN, 2018).

A proposta tem uma incidência pedagógica: para o pensador, o saber verdadeiro não é imposto como uma iluminação na mente de um sujeito privilegiado, mas é o resultado da discussão social que leve a um consenso, em busca do acordo.

Sua proposta para o âmbito comunicativo é que a nova racionalidade seja produzida em direção às formas de convivência que se coadunem com as exigências de um projeto emancipatório cada vez mais próximo a um modelo que ele denomina como "ação comunicativa pura", voltada para uma interação social caracterizada pela eliminação de todas as formas de coação externa e interna.

Dessa forma, a ação comunicativa geraria razoabilidade, racionalidade e criticidade, representado uma alternativa à ação estratégica, própria do *marketing* e de toda comunicação dirigida, voltada apenas para os interesses de grupos ou indivíduos específicos.

Em termos éticos, Habermas propõe a *ação comunicativa* como forma de fazer com que todos os envolvidos em uma deliberação passem a buscar o consenso em torno de uma solução que beneficie o conjunto dos envolvidos, igualmente.

Bohm: uma pedagogia para o diálogo

Do inter-humano de Buber e passando pela ação comunicativa de Habermas, chegamos à pedagogia do diálogo, de David Bohm.

Para este autor, o diálogo não é inato ao ser humano. Cada qual precisa aprender a dialogar, até mesmo para compreender as diferentes perspectivas do que se entende por diálogo. A razão é simples: os humanos são seres culturais, que se singularizam pelos pressupostos previamente formados por sua ancestralidade pessoal e pela cultura de origem. O fato leva a que, em qualquer comunicação, haja forte tendência à fragmentação, cabendo aos sujeitos envolvidos, independentemente de sua escolaridade ou posição social, a tendência de universalizar a própria cultura, impondo sua opinião ou seu pedaço de verdade ou, melhor, seus fragmentos de conhecimentos e vontades.

A pedagogia do diálogo proposto por Bohm dribla a fragmentação e avança em direção a uma plenitude conceitual, possível quando a audição e a atenção passam a ser dadas a todos os pontos de vista, em uma roda de conversa (MARIOTTI, 2001). No caso, a interação dialógica, longe de ser um instrumento para que as pessoas se defendam ardorosamente, ou mantenham arrogantemente suas posições de início – tal como muitas vezes acontece na discussão e no debate –, privilegia a abertura para o intercâmbio psicossocial, político, religioso, educacional e comunicacional, oferecendo uma forma exclusiva para fazer circular sentidos e significados.

A condição para o diálogo somente ocorre quando existe a suspensão das ideias individuais dos participantes do processo da conversa, em favor de uma melhor compreensão mútua. O interesse coletivo passa a ser mais importante e central que o individual. Sendo assim, pode-se dizer que a dinâmica do diálogo está, na verdade, expressamente voltada para redes colaborativas de pensamento entre pares, sendo inviável em processos persuasórios massivos, monitorados pela lógica do *marketing*.

Para o pensador, o principal objetivo da interação dialógica é a construção de microculturas por meio da criação de redes de conversação, nas quais não existem ideias perdedoras: tudo está por construir. O que se quer é fazer emergir ideias, novos significados e compartilhamentos. Não estamos, contudo, falando apenas das dinâmicas que exercitam formalmente o ato do diálogo, com praticantes reunidos em pequenos grupos. Referimo-nos, mais amplamente, ao diálogo no cotidiano da vida, mediado ou não pelas tecnologias da informação.

Freire: a comunicação dialógica

Paulo Freire tem sido lembrado pela literatura especializada como um dos mais relevantes renovadores da práxis comunicacional em todo o mundo. Assim o considerava Luiz Ramiro Beltrán, vice-presidente da Associação Internacional para Pesquisas em Comunicação Massiva, em artigo escrito em 1979, intitulado "Adiós a Aristóteles: la comunicación horizontal" (BELTRÁN, 2005). Entendia Beltrán que, com Freire, o modelo clássico de comunicação, de caráter informativo-persuasório, descrito pelo filósofo grego como transmissão de mensagens de um enunciador a um receptor, via-se confrontado por uma proposta que substituía a verticalidade pela horizontalidade, apresentando ao mundo a essencialidade do modelo dialógico de inter-relação.

Fazendo frente à concepção aristotélica – ampliada e refundada ao longo dos tempos, até desembocar, em meados do século XX, no modelo funcionalista da comunicação –, Freire entendia que a ação comunicativa deveria ser assumida como um processo de interação social democrático, baseado no intercâmbio de símbolos pelos quais os seres humanos compartilham voluntariamente suas experiências, sob condições de acesso livre e igualitário.

Segundo constata Beltrán, a partir do conceito de *Comunicação Dialógica*, uma larga porta de entrada a uma avenida fértil em novas perspectivas abriu-se, naqueles inícios dos anos 1960. Tratava-se da legitimação de uma nova postura perante o outro e sua realidade, movida não exatamente pela razão, mas sim proeminentemente pela emoção e o amor (*o diálogo*), que tornaria possíveis, nos diferentes espaços da vida, as relações de convivência, de aceitação mútua e de mobilização social por causas de interesse comum.

Lembra Margarita Gomez, em artigo publicado no *site* do Núcleo de Comunicação e Educação da USP (GOMES, 2001), que o modelo de comunicação freiriano se efetiva pela coparticipação dos sujeitos no ato de conhecer. Suas características fundamentais seriam: a) a postura aberta do emissor e receptor para lograr um clima de mútuo entendimento; b) o biendereçamento do processo de produção/circulação de informações e afetos; c) a interação no processo comunicativo de forma a prever a possibilidade de modificação das mensagens e intenções segundo a dinâmica estabelecida; e d) a moralidade na tarefa para rejeitar tentações de manipulação.

Sobre a Educomunição

Ao recordar sumariamente a trajetória do conceito do diálogo comunicativo no pensamento de autores contemporâneos, propusemo-nos a enriquecer o debate sobre o "Humano na dinâmica da comunicação", com um convite para uma reflexão sobre o que – a partir de uma mobilização coletiva latino-americana – estaria representando, hoje, o conceito de Educomunicação. Em outras palavras, aproximamo-nos da maneira como milhares de agentes de cultura e de educação de nosso continente decidiram trabalhar a prática do diálogo, em uma perspectiva de intervenção na realidade comunicacional, em busca do consenso social em torno da construção da paz, tanto em microespaços quanto em projetos de políticas públicas com abrangência nacional.

De Martin Buber, retomamos sua afirmação de que a vocação de todo homem é de constituir-se como um ser aberto naturalmente ao diálogo, vivendo a síntese do que ele denominou como o "inter-humano". Nesse contexto, o homem se comunicaria com o outro naquilo que "eles são" e não simplesmente no que "eles dizem" (se expressam). A perspectiva do inter-humanismo visita o conceito de

Educomunicação, e com ele faz morada. Isso se dá quando o neologismo passa a ser assumido como um paradigma de interface. Aliás, somente existe na interface, espaço onde a comunicação e a educação se imbricam, gerando vida e movimento.

Temos afirmado, em consonância com o conceito buberiano, que o pensamento educomunicativo identifica justamente a emergência de uma práxis que opte por certa *cultura comunicativa centrada nos sujeitos*, e que ganhe vida com o protagonismo das novas gerações pela criação, em seus terrenos, de *ecossistemas comunicativos* abertos e criativos, tendo como eixos programáticos, essencialmente, o diálogo e a gestão democrática e compartilhada dos processos informativos.

De Habermas, aprendemos que a nova racionalidade deve ser produzida em direção a formas de convivência que se coadunem com as exigências de um projeto emancipatório cada vez mais próximo ao modelo de "ação comunicativa pura", isto é, de um processo de interação social caracterizado pela eliminação de todas as formas de coação externa e interna.

O diálogo – se é vocação – é igualmente método, e necessita ser aprendido. É o que propõe David Bohm como forma de enfrentar a fragmentação causada pelas polarizações produzidas pelas heranças culturais (sob decidida influência dos sistemas educativo e midiático). Para tanto, aponta para a importância da promoção de redes de conversação, favorecedoras da formação de uma cultura na qual não existam espaços para ideias preconcebidas, mas, sim, se possibilita, pelo compartilhamento, a produção de novos significados.

O compartilhamento na busca pelo conhecimento e no planejamento da ação – elementos igualmente presentes no coração do pensamento de Freire – é o que move a pedagogia da Educomunicação. A constatação deste fato no contexto complexo de uma rede de ensino permitiu, por exemplo, à estudante italiana Isabella Bruni, vinculada à Università La Sapienza, de Roma, garantir, em sua dissertação de mestrado, depois de uma imersão de um semestre no projeto Educom.rádio (prefeitura de São Paulo),[2] que o que diferencia a Educomunicação brasileira da *Media Education* europeia é a "gestão" dos processos comunicativos, realizada como um exercício de aprendizagem colaborativa (SOARES, 2014). Referia-se a autora à proximidade entre os conceitos de Educação midiática e Educomunicação, ressaltando, contudo, elementos diferenciadores: a primeira como metodologia para o estudo dos meios de comunicação e a segunda como paradigma voltado à implementação de processos comunicativos dialógicos e participativos, mediante a gestão democrática dos recursos disponíveis.

---

[2] Sobre o *Educom.rádio*, convidamos os leitores a visitarem, no Youtube, um documentário que contextualiza a introdução da prática educomunicativa no município de São Paulo, entre 2001 e 2004 (disponível em: https://www.youtube.com/watch?v=FDEVvZY164U&t=65s), e sua atualidade em vídeo de 2018 (disponível em: https://www.youtube.com/watch?v=fbP8MJLAt1M).

A Educomunicação no Diretório de Comunicação da Igreja no Brasil

A construção da práxis educomunicativa, como um modo de ser e de intervir socialmente, deve muito à Igreja, em especial ao incentivo que esta deu a movimento da educação popular, tendo a comunicação alternativa a seu serviço (SOARES, 1988, e PUNTEL, 1994). Nesse contexto, importante papel foi assumido pelas organizações católicas de comunicação. No caso do Brasil, notadamente a UCBC – União Cristã Brasileira de Comunicação Social, com seu projeto LCC – Leitura Crítica da Comunicação, nas décadas de 1970 e 1980 (GOMES, 1986), e o Sepac – Serviço à Pastoral da Comunicação, vinculado à Paulinas Editora, a partir do início dos anos 1980 (CORAZZA, 2016).

Mais recentemente, em 2014, o pensamento educomunicativo foi legitimado pela CNBB – Conferência Nacional dos Bispos do Brasil, ao introduzi-lo explicitamente no Diretório de Comunicação para a Igreja no Brasil (DCIB). O documento tem como principal objetivo motivar a Igreja a uma reflexão sobre os processos da comunicação que ocorrem na vida cotidiana das comunidades eclesiais.

O Diretório volta-se para o tema no capítulo dedicado a "Educar para a comunicação!". O assunto, contudo, perpassa todo o documento, levando em conta a valorização do diálogo como uma prática capaz de favorecer a comunhão e a cooperação entre as pessoas, a serviço da promoção de uma cultura do respeito (DCIB n. 6).

E é nessa linha que o conceito aparece de forma explícita, para identificar a *comunicação que emerge da comunidade*, em que as leigas e os leigos são protagonistas (DCIB, n. 9). Assumindo o projeto pastoral do Papa Francisco, o texto da CNBB enaltece a cultura do encontro, afirmando que "o desafio hoje é descobrir e transmitir a mística de viver juntos, misturar-nos, encontrar-nos, dar o braço, apoiar-nos, participar desta maré um pouco caótica que pode transformar-se em uma verdadeira experiência de fraternidade, em uma caravana solidária, em uma *peregrinação sagrada*" (DCIB, n. 33). No número 67, o Diretório da CNBB lembra a necessidade de se valorizar e promover o "processo comunicativo" na prática das comunidades. Já nos números 70 a 72, a Educomunicação é lembrada como uma dimensão dialógica e participativa da própria catequese a ser promovida "com as crianças" e não apenas "para as crianças". O número 75 é dedicado a uma pastoral que valorize o ambiente dedicado à comunicação. E, em uma linha buberiana, o texto da CNBB afirma, definitivamente, que o "diálogo é muito mais que a comunicação de uma verdade; realiza-se pelo prazer de falar e pelo bem concreto que se comunica através das palavras entre aqueles que se amam. É um bem que não consiste em coisas, mas nas próprias pessoas que mutuamente se dão em diálogo" (DCIB, n. 91).

A Educomunicação na guerra da desinformação

Em meados do mês de julho de 2019, o Brasil foi visitado pelo sociólogo Manuel Castells, um dos principais teóricos da comunicação digital e autor de livros como *A sociedade em rede* e *Galáxia da internet*. Durante sua estadia, participou do seminário "Educação, Cultura e Tecnologia: Escola do Século XXI", promovido pela Prefeitura de Niterói, tendo proferido palestra sobre "Comunicação, política e democracia", na Fundação Getúlio Vargas, no Rio de Janeiro.

O portal UOL Notícias[3] reportou a passagem do renomado especialista pela FGV, momento em que Castells colocou em xeque as instituições paradigmáticas que vêm sustentando o pensamento e o comportamento dos cidadãos contemporâneos. Entre tais instituições, estão o Estado e a mídia, corporificada nas redes sociais.

Quanto ao Estado, o espanhol garantiu ao público que o ouvia que o Brasil estaria entrando em uma "ditadura sutil" que pretende mudar o imaginário da população para posições completamente opostas aos direitos humanos. Segundo o portal, Castells afirmou que o primeiro fator que evidenciava essa "ditadura sutil", manejada através das redes sociais, era o desmantelamento da educação, já que "uma

---

[3] UOL Notícias. "Brasil está entrando em uma ditadura sutil com Bolsonaro, afirma Castells", Rio de Janeiro, 16 jul. 2019. Acessível em: < https://noticias.uol.com.br/ultimas-noticias/efe/2019/07/16/brasil-esta-entrando-em-uma-ditadura-sutil-com-bolsonaro-afirma-castells.htm>. Os excertos da entrevista de Paula Ferreira intitulada "'Vocês estão vivendo um novo tipo de ditadura', diz o sociólogo Manuel Castells", de autoria de Paula Ferreira, foram extraídos da edição de 17/07/2019 do site do jornal carioca: <https://oglobo.globo.com/sociedade/voces-estao-vivendo-um-novo-tipo-de-ditadura-diz-sociologo-manuel-castells-23812733>.

população pouco educada, mal informada e malformada é muito mais manipulável".[4]

Castells ingressava justamente no tema deste artigo (*O humano na dinâmica da comunicação*), ao afirmar que "a única ferramenta útil para o atual embate civilizatório é a capacidade instalada nas pessoas de formar seus próprios critérios, suas próprias opiniões, seus próprios valores, e resistir". O teórico fazia um apelo à mobilização dos que têm algo a dizer e a fazer.

Transcrevemos – e com isso caminhamos para o término do presente artigo – algumas considerações do espanhol sobre procedimentos que chamamos de educomunicativos no enfrentamento do que o pensador denomina como a "Era da Informação Desinformada":

- Informação x Educação

  Temos mundos de redes de informação, de meios que invadem o conjunto de nosso pensamento coletivo e, ao mesmo tempo, pouca capacidade de educação das pessoas para entender, processar, decidir e deliberar. Isso é o que chamo de uma era da informação desinformada.

- Como as pessoas funcionam

  As pessoas não funcionam racionalmente, e sim a partir de emoções. As pesquisas mostram cientificamente que a matriz do comportamento é emocional e, depois, utilizamos nossa

---

[4] UOL Notícias. Idem.

capacidade racional para racionalizar o que queremos. As pessoas não leem os jornais ou veem o noticiário para se informar, mas para se confirmar. Leem ou assistem ao que sabem que vão concordar. Não vão ler algo de outra orientação cultural, ideológica ou política.

- **Educar para a autonomia**

O que precisamos hoje é de pessoas educadas para pensar autonomamente, porque há uma quantidade de informação tão grande que precisamos ser autônomos em construir nossas opiniões e tomar decisões. Hoje em dia, existem robôs cada vez mais avançados, e as escolas não podem ser produtoras de robôs. [A formação de] gente que simplesmente obedece, segue o que está programado e aceita tudo é um princípio de militarização não só da escola, mas da sociedade.

- **Paulo Freire**

Eu conheci Paulo Freire na Universidade Stanford e lá ele era adorado, porque seus princípios são adaptados ao que é a nova sociedade: criar pessoas livres e autônomas, capazes de promover sua própria aprendizagem, guiados por seus professores. Isso é muito perigoso para aqueles que querem manipular. Paulo Freire é liberdade, e a liberdade é agora o maior obstáculo que existe para que se siga desenvolvendo essa ditadura sutil que estão tentando impor ao Brasil.

Com Castells, seguimos acreditando que o debate sobre "O humano na dinâmica da comunicação" nos leva à singularidade do pensamento de autores que sustentam

o diálogo criativo, como Buber, Habermas, Bohm e nosso Paulo Freire.

Referências bibliográficas

BELTRÁN, Luiz Ramiro. Adiós a Aristóteles: la comunicación horizontal, *Revista da ALAIC* – Asociación Latinoamericana de Ciências de la Comunicación, v. 12, n. 23, p. 136-158. jul./dez. 2005. Disponível em: https://www.alaic.org/revista/index.php/alaic/article/view/749/396.

BOHM, David. *Diálogo*: comunicação e redes de convivência. São Paulo: Palas Athena, 2005.

BORGES, Rudinei. Martin Buber: o diálogo possível. *Revista digital Parâmetro, Cultura e Sociedade*, jan. 2011. Disponível em: https://revistaparametro.wordpress.com/2011/01/25/martin-buber-o-dialogo-possivel/.

BRUNI, Isabella. *L'Educomunizazione brasiliana sulle onde della radio*. Analisi di Caso. Roma: Università La Sapienza, 2010.

BUBER, Martin. *Eu e tu*. São Paulo: Cortez e Moraes, 1977.

CNBB. *Diretório de Comunicação da Igreja no Brasil*. Brasília: CNBB; São Paulo: Paulinas, 2014.

CORAZZA, Helena. *Educomunicação*: formação pastoral na cultura digital. São Paulo: Paulinas, 2016.

GOMES, Margarita. *Paulo Freire*: releitura para uma teoria da informática na educação. NCE-USP, 2001. Disponível em: http://www.usp.br/nce/wcp/arq/textos/144.pdf.

GOMES, Pedro Gilberto. Leitura crítica da comunicação: Projeto da UCBC. *Intercom – Revista Brasileira de Comunicação*, v. 9, n. 55, p. 126-132, 1986.

HABERMAS, Jürgen. *Teoria de la acción comunicativa*: complementos y estúdios prévios. Madrid: Cátedra, 1997.

MARIOTTI, Humberto. Diálogo: um método de reflexão conjunta e observação compartilhada da experiência. Escola de Diálogo de São Paulo, s/d. Disponível em: http://www.escoladedialogo.com.br/dialogomariotti.asp?id=5.

MENDONÇA, Ricardo Fabrino. Antes de Habermas, para além de Habermas: uma abordagem pragmatista da democracia deliberativa. *Sociedade e Estado*, Brasília, vol. 31, n. 3, p. 741-768, 2016. Disponível em: http://dx.doi.org/10.1590/s0102-69922016.00030009.

PINTO, José Marcelino de Rezende. A teoria da ação comunicativa de Jürgen Habermas: conceitos básicos e possibilidades de aplicação à administração escolar, Ribeirão Preto, Paidéia, n. 8-9, p.77-96, 1995. ISSN 0103-863X. [online].

PUNTEL, Joana. *A Igreja e a democratização da comunicação*. São Paulo: Paulinas, 1994.

SILVA, Márcia C. Amaral; GASPARIN, João Luiz. A teoria da ação comunicativa de Jürgen Habermas e suas influências sobre a educação escolar. 2018. Disponível em: http://www.histedbr.fe.unicamp.br/acer_histedbr/seminario/seminario7/TRABALHOS/M/Marcia%20CA%20Silva%20e%20%20Joao%20L%20 Gasparin1.pdf.

SOARES, Ismar de Oliveira. *Do santo ofício à libertação*: o discurso e a prática do Vaticano e da Igreja Católica no Brasil sobre a Comunicação Social. São Paulo: Paulinas, 1988.

SOARES, Ismar de Oliveira. Educomunicação e educação midiática: vertentes históricas de aproximação entre comunicação e educação. *Comunicação & Educação*, ano XIX, n. 2, p. 15-26, jul./dez. 2014.

III Parte

REZAR A COMUNICAÇÃO

REZAR A COMUNICAÇÃO

Nasceu a comunicação
Joana T. Puntel, fsp

De que mais precisamos, neste mundo
senão de comunicação?

Senhor, tu que és a verdadeira comunicação,
a Palavra eterna do Pai,
o sopro de Deus que gera vida,
somente tu podes nos indicar o caminho
das relações humanas, cristãs, de que
o mundo carece. As pessoas procuram.
Os povos anseiam.
As nações buscam,
enquanto erram nos acertos.

Temos fome e sede de comunicação.
Aquela que faz as pessoas se respeitarem,
se solidarizarem. Aquela que constrói pontes. Diálogo.
Aquela comunicação que não nasce da pura tecnologia,
mas que, usando os meios de comunicação,

constrói a justiça, o amor. Desperta a ética.
Traz a felicidade. O gosto, já tão perdido,
de estarmos juntos,
ao redor da mesma mesa do pão, da sociabilidade,
do reconhecimento, enfim,
de que somos humanos e irmãos.

Temos motivo para ter esperança,
porque tu vieste com uma lógica
tão diferente daquela que nossas vidas seguem,
mas que se esvaziam rapidamente,
porque o brilho do mercado se esvai e a frustração fica.

Temos motivo para a esperança,
porque *nasceu a comunicação*!
Tu mesmo, Senhor, te tornaste comunicação,
para nos dar o exemplo de superar o medo
e abrir o coração para que, nele, tu faças
o presépio onde nascer. De novo!

Trindade – fonte de comunicação

Joana T. Puntel, fsp

Trindade Santíssima
Pai, Filho e Espírito Santo,
Morada onde se realiza a verdadeira comunicação:
a relação profunda, amorosa e geradora de vida.
Morada que espelha a possibilidade,
sustenta a realização das relações humanas,
nós que somos teus filhos(as), ó Deus!

Sim, em ti, Trindade Santa,
encontramos a razão para continuar crendo
que todos os dias "renovas a face da terra".

Cremos, Trindade Santa, que a tua Palavra
"Eis que faço novas todas as coisas" (Ap. 5.20)
é atual, por meio do teu *sopro* criador.
Sopro continuado e prolongado, por meio do teu Espírito,
na inteligência humana, que tu mesmo criaste.
Inteligência que "imagina", cria, inventa,
estende as possibilidades da comunicação
no hoje da história, utilizando as novas e velhas mídias;
por meio das novas interações humanas,
com a linguagem digital.
Sopro continuado para fortalecer
o "pulsar do coração" para a vida,
que a comunicação é chamada a desabrochar.

Hoje te pedimos:
que o teu sopro criador, vital, não nos deixe perder
o senso do humano, de sermos teus filhos,
no vasto horizonte que se descortina ante nossos olhos.
Inspira-nos novas linguagens para evangelizar com alegria,
eficácia e competência, no mundo da comunicação.

Ladainha a São Paulo comunicador

Joana T. Puntel, fsp

(Às invocações, responde-se "Rogai por nós")
– Paulo, *chamado* por Deus para comunicar o Evangelho de Jesus Cristo.

– Paulo *resposta* ao dom de Deus para cumprir
o projeto do Pai.
– Paulo, *escolhido* para ser morada do amor de Jesus Cristo.
– Paulo, *exemplo vivo* de docilidade ao Espírito Santo.
– Paulo *compreensão* das culturas existentes no seu tempo.
– Paulo, *iniciador* das comunidades cristãs no ambiente pagão.
– Paulo, *coragem* na abertura de novos caminhos e horizontes universais.
– Paulo, *promotor* da expansão do cristianismo.
– Paulo *sensível* às pessoas, às realidades socioculturais.
– Paulo, *modelo missionário* para a evangelização
do mundo atual.
– Paulo, *evangelizador* convicto de Jesus Cristo, Crucificado
e Ressuscitado.
– Paulo, *nova criatura em Cristo*, para o benefício
dos irmãos.
– Paulo, *atleta* que, na fé, vence os conflitos e desafios
da missão.

Paulo, intercede por nós, pelo mundo da comunicação.
Concede à Igreja de Jesus Cristo um novo vigor missionário.
Audácia para responder com amor e competência às necessidades das pessoas do nosso tempo.
Concede-nos a abertura de mente, a convicção da fé no viver
e anunciar o Evangelho.

Paulo, leva-nos pelos caminhos da sabedoria e do
diálogo decisivo e transparente, no areópago da
Comunicação. Conduze-nos pelas vias saudáveis

das novas tecnologias da comunicação, que geram
novas relações nos comportamentos das pessoas.
Ensina-nos a estar presente nos espaços públicos,
com pastorais adequadas,
sem abdicar da identidade cristã.

Paulo, ensina-nos a sermos discípulos e missionários
de Jesus Cristo, no mundo da comunicação,
compreendendo, vivendo e influindo eticamente
na construção da cultura midiática atual,
proclamando que somente Jesus é o Caminho, a Verdade e
a Vida!

Jesus, perfeito comunicador
Joana T. Puntel, fsp

Jesus Mestre,
perfeito comunicador do Pai,
Tu és, na verdade,
a comunicação verdadeira.
Comunicando o Pai,
te tornaste comunicação,
no mistério da encarnação.

Vieste a nós para ser um de nós, humanos.
Vieste a nós para restabelecer
nossa dignidade de filhos de Deus.
Vieste a nós para dizer-nos que és a Verdade.
Vieste a nós para mostrar-nos que és o Caminho.
Vieste a nós para recriar-nos

para a verdadeira Vida,
Que és tu mesmo.

Como perfeito comunicador
e verdadeira comunicação,
tiveste em conta os elementos
essenciais da comunicação:
o diálogo,
a linguagem própria da comunicação,
o amor.

Enquanto te agradecemos
pelos profundos
gestos de comunicação,
te pedimos pelo nosso
mundo da comunicação,
tão complexo e tão desafiador.
Que o respeito, o diálogo,
a verdade e o amor
sejam vias concretas
para construir a comunicação humana,
que forma a comunidade
cósmica fraternal.

Para crescer na comunicação
Joana T. Puntel, fsp

Espírito Criador!
Espírito de comunicação entre o Pai e o Filho.
Espírito de comunicação que nos recordas

e moves as palavras de Jesus.
Vem recriar em nós, pessoas, a verdadeira comunicação:
que coloca as pessoas em relação através
da compreensão,
do respeito,
da valorização mútua,
do verdadeiro amor.

Vem recriar as energias escondidas
no âmago de cada ser humano,
para que desabrochem as suas potencialidades
de gerar vida através da comunicação criativa,
que inventa.
que realiza a interação da comunidade humana
e constrói a paz,
por meio das novas tecnologias da comunicação,
no aconchego silencioso do espaço planetário.

Vem iluminar os usuários dos meios de comunicação,
para que saibam distinguir e nutrir-se
das mensagens que lhes possibilitem crescer
na dimensão humano-espiritual,
na sua vocação à transcendência!

Espírito Criador!
Protege, guia e desperta em nós
A "tua sabedoria",
que nos leve pelos caminhos
da verdadeira comunicação:
aquela que nos faz sentir mais humanos,

mais irmãos e irmãs, e que nos realiza como filhos e filhas de Deus! Amém.

Creio da comunicação

Helena Corazza, fsp

Creio em Deus que é Pai, Filho e Espírito Santo, Trindade que estabelece a comunicação e a comunhão.

Creio em Jesus Cristo comunicador, palavra e imagem do Pai, que revelou o rosto e os segredos do Reino aos pequenos e desprezados da sociedade.
Creio em Jesus que trouxe a Boa Notícia e foi, ele mesmo, essa Boa Notícia comunicada em imagens, símbolos e histórias do cotidiano do ambiente onde ele viveu.
Creio em Jesus que comparou o Reino de Deus a um pouco de farinha, ao fermento que faz a massa crescer, ao grão de mostarda tão pequeno e tão grande ao mesmo tempo, comunicando assim que o Reino é dos pequenos.

Creio em Jesus que viveu as relações humanas, acolheu discípulos e discípulas, grupos e pessoas e, pela sua presença, revelou a bondade e a misericórdia do Pai.

Creio no Espírito Santo que pousou sobre Jesus, no Batismo, e comunicou a ele o amor do Pai e sua própria missão. Creio no Espírito de Deus presente em cada pessoa, criando e recriando a comunicação interior e profunda, que refaz a pessoa por dentro e a lança para novos caminhos e novas metas, criadoras de vida e comunhão.

Creio que Maria é mulher comunicadora de Jesus com a vida, a palavra e, sobretudo, o gesto de apresentar Jesus ao mundo, desde a visita a Isabel, quando o menino exultou de alegria em seu ventre.

Creio que o apóstolo Paulo viveu e comunicou Jesus Cristo com a vida, as atitudes, a palavra falada e escrita. Ele mesmo disse de si: "Eu quero dar a vocês não só o Evangelho de Deus, mas a minha própria vida".

Creio que os instrumentos da Comunicação Social são meios de evangelização, espaços e lugares para o anúncio do Evangelho.

Creio na possibilidade de uma comunicação participativa e libertadora, na qual as pessoas possam sentar ao redor da mesma mesa e ter propostas que transformem a realidade.

Creio que há mulheres e homens a caminho, construindo uma nova comunicação a serviço da vida.

Discípulos(as) missionários(as) da comunicação
Helena Corazza, fsp

E a Palavra se encarnou e armou sua Tenda
na itinerância humana.
Tudo para poder sentar-se à mesa conosco, ser percebida
aos nossos olhos, tocada e escutada.

Ó Palavra encarnada
que assumiste a condição humana,
alegrias, dores e sonhos, nela viveste
e a tudo deste novo sentido.

Vem habitar o mundo das comunicações!
Arma tua Tenda no meio de nós, hoje.
Mostra-nos o rosto amoroso do Pai!
E, em ti, faz-nos sentir filhos e filhas,
comunicadores teus!

Vem habitar o mundo das comunicações!
E faz-nos testemunhar a Palavra
que existia desde o Princípio:
o que ouvimos, o que vimos com nossos olhos.

Vem habitar o mundo das comunicações!
Arma, hoje, tua Tenda itinerante no meio de nós!
Queremos contemplar, saborear e comunicar
Jesus, o Filho de Deus, a Palavra da Vida!

Vem habitar o mundo das comunicações!
Faz de nós discípulos(as) e missionários(as)
que manifestem e comuniquem o que viram, ouviram,
o que as mãos tocaram, o Verbo da Vida!

Vem habitar o mundo das comunicações!
Vive em nós, em nossa Tenda, e transforma-a
em espaço de comunicação que gera comunhão,
encontro, solidariedade e alegria contagiante.
Amém.

Maria, comunicadora de Jesus
Helena Corazza, fsp

Ó Maria, acolheste a Palavra e ela se fez carne
em teu ventre.

Foste missionária na visita a Isabel,
levando o Verbo com alegria!
Mostraste Jesus aos pastores e aos reis Magos que vieram visitá-lo em Belém.
Apresentaste Jesus ao Templo e a Simeão e Ana, cumprindo a profecia.
Fugiste para o Egito com José para salvar a vida do Filho de Deus.
Foste Mãe sábia e prudente na missão de educar Jesus em Nazaré.
Foste mãe e seguidora de Jesus, acolhendo a missão que o Pai lhe confiou e praticando seu ensinamento.
Foste mãe solícita e solidária ao antecipar a "hora" do primeiro milagre, em Caná da Galileia.
Foste mulher forte no caminho da Cruz e ali nos recebeste por filhos.
Foste testemunha da ressurreição, vivendo a alegria do encontro com o Filho.
Sustentaste a fé da primeira comunidade cristã à espera do Espírito Santo, em Pentecostes.
Com os discípulos recebeste a missão de evangelizar, quando Jesus partiu para o céu.
E no final de tua vida na terra, a Santíssima Trindade te levou ao céu e te fez Rainha.
Por isso, nós te veneramos como Mãe da Igreja, modelo de virtudes que nos aponta o Caminho, a Verdade e a Vida que é Jesus.

Mãe, ensina-nos a acolher a Palavra do teu Filho e a guardá-la no coração.
Ensina-nos a escutar a Palavra para que ela se encarne em nós.
Ensina-nos a viver e comunicar a Palavra para traduzi-la em ações concretas.
Ensina-nos a ser discípulos(as) missionários(as) do teu Filho, comunicando-o a todos que se aproximarem de nós e a quem somos enviados(as). Amém!

Rezando com todo o nosso corpo
Bem-aventurado Tiago Alberione

Que eu ame com o teu coração.
Que eu veja com os vossos olhos.
Que eu fale com a vossa língua.
Que eu ouça com os vossos ouvidos.
Que eu saboreie aquilo que é de vosso gosto.
Que as minhas mãos sejam as vossas.
Que eu ore com as vossas orações.
Que o meu modo de tratar seja o vosso modo.
Que eu celebre como vós vos imolastes.
Que eu seja vós e que vós sejais eu; até que eu me aniquile.
Dignai-vos servir-vos desta língua
para entoar hinos a Deus por todos os séculos;
deste coração para amá-lo;
deste pecador, o mais indigno, para proclamar:
"Eu sou o Bom Pastor, eu quero a misericórdia".

Oração do comunicador
Bv. Tiago Alberione

Ó Deus,
que para comunicar vosso amor aos homens
enviastes seu Filho, Jesus Cristo,
e o constituístes Mestre,
Caminho, Verdade e Vida da humanidade,
concedei-nos a graça de utilizar
os meios de comunicação social –
imprensa, cinema, rádio, audiovisuais... –
para a manifestação de vossa glória
e a promoção das pessoas.

Suscitai vocações para essa multiforme missão.
Inspirai aos homens de boa vontade
a colaborarem com a oração,
a ação e o auxílio material,
para que a Igreja anuncie
o Evangelho a todos os homens,
através desses instrumentos.
Amém.

Pela comunicação social
Bv. Tiago Alberione

(Título original: *Para quem tem sede de almas como Jesus* [1924])

Senhor, ofereço-vos em comunhão com toda a Igreja, Jesus na Eucaristia e a mim mesmo, como oferenda permanente e agradável a vós.

– Em reparação pelas mensagens errôneas e comportamentos equívocos, divulgados pelos meios de comunicação.
– Para que regressem à casa do Pai aqueles que se afastaram, seduzidos por esses poderosos instrumentos.
– Pela conversão daqueles que, no uso desses instrumentos, desconhecem os ensinamentos de Cristo e da Igreja, e desviam os homens do caminho da salvação.
– Para que todos sigamos o único Mestre, que, na plenitude do vosso amor, enviastes aos homens, e que nos apresentastes, dizendo: "Eis o meu Filho amado. Ouvi-o!".
– Para que todos conheçamos e procuremos tornar conhecido Jesus, Palavra encarnada, o único e verdadeiro Mestre, o caminho seguro que nos leva a conhecer o Pai e a participar de sua vida.
– Para que aumentem, na Igreja, os sacerdotes, os consagrados e os leigos que, através dos meios de comunicação, anunciem aos homens a mensagem evangélica da salvação.
– Para que os comunicadores – escritores, técnicos, divulgadores – sejam homens evangélicos, capacitados em sua área de trabalho, e autênticos testemunhos de Cristo no campo da comunicação social.
– Para que as iniciativas católicas nesse setor cresçam em número e eficácia, de tal modo que, promovendo os valores humanos e cristãos, superem tudo o que se opõe à salvação dos homens.
– Para que nós, conscientes de nossos limites, nos aproximemos, com humildade e confiança, da fonte da vida, e

nos alimentemos com a vossa Palavra e com a Eucaristia.
– Por todos os homens, nós vos pedimos, ó Pai, luz, amor e misericórdia.

Para entronização de Maria nas famílias
Bv. Tiago Alberione

Vinde, ó Maria, entrai e habitai nesta casa que vos oferecemos e consagramos.
Sois bem-vinda! Nós vos recebemos com a alegria de filhos.
Somos indignos, mas vós sois tão boa que quereis morar com os vossos filhos mais humildes.
Nós vos acolhemos com o afeto com que João vos levou para casa depois da morte de Jesus.
Dispensai a cada um de nós as graças espirituais que nos são necessárias.
Dai-nos as graças materiais, como obtivestes o vinho para os esposos de Caná.
Afastai para longe de nós o pecado.
Sede, aqui, Mãe, Mestra e Rainha. Aumentai em nós a fé, a esperança e a caridade.
Infundi em nós o espírito de oração.
Jesus, Caminho, Verdade e Vida, habite sempre nesta casa.
Suscitai vocações entre os nossos entes queridos.
Que os membros desta família se encontrem um dia todos reunidos no céu.
Amém.

Salmo da comunicação

(Segundo inspiração do Bv. Tiago Alberione)

Louvor a ti, Senhor Deus, pela palavra impressa, pão para a inteligência
e luz para a vida.
Pelos escritores e jornalistas e por todos os comunicadores que operam na imprensa; pelo dom de seus talentos e de suas energias da mente e do coração a serviço da verdade.
Pelas maravilhas da televisão que traz no coração dos nossos lares as alegrias e as dores da humanidade!
Pela música e pelo teatro que oferecem abundantes propostas e mensagens. Que sejam sempre reflexo da tua beleza e dos teus dons.
Pelo dom do rádio que caminha sobre as asas do vento, supera as distâncias e oferece a todos informação e divertimento. Que seja usado para tornar a humanidade livre, unida e pacífica.
Por todos os artistas, diretores, produtores e atores, que comunicam com o cinema, para que este meio promova a verdade e o bem, a justiça e a solidariedade, cante os valores da vida e anuncie o Evangelho de Jesus.
Para que aconteça um Pentecostes sem fim do teu Espírito Criador, que nos torne capazes de propagar o fogo da tua Verdade, Beleza e Bondade.
Pelas maravilhas da internet e da comunicação digital, que aproximam irmãos e irmãs do mundo inteiro, gerações e culturas. Que possam promover o conhecimento recíproco, o respeito mútuo e o amor fraterno.

Que os cegos vejam, os surdos ouçam...
Que a Boa-Nova de Jesus atinja
todos os confins do Universo...
Glória a ti, Senhor, pela comunicação humana e social!
Glória a ti, Senhor, por todas as vezes
que a nossa comunicação gera vida
e constrói comunhão!
Amém.

Rua Dona Inácia Uchoa, 62
04110-020 – São Paulo – SP (Brasil)
Tel.: (11) 2125-3500
http://www.paulinas.com.br – editora@paulinas.com.br
Telemarketing e SAC: 0800-7010081